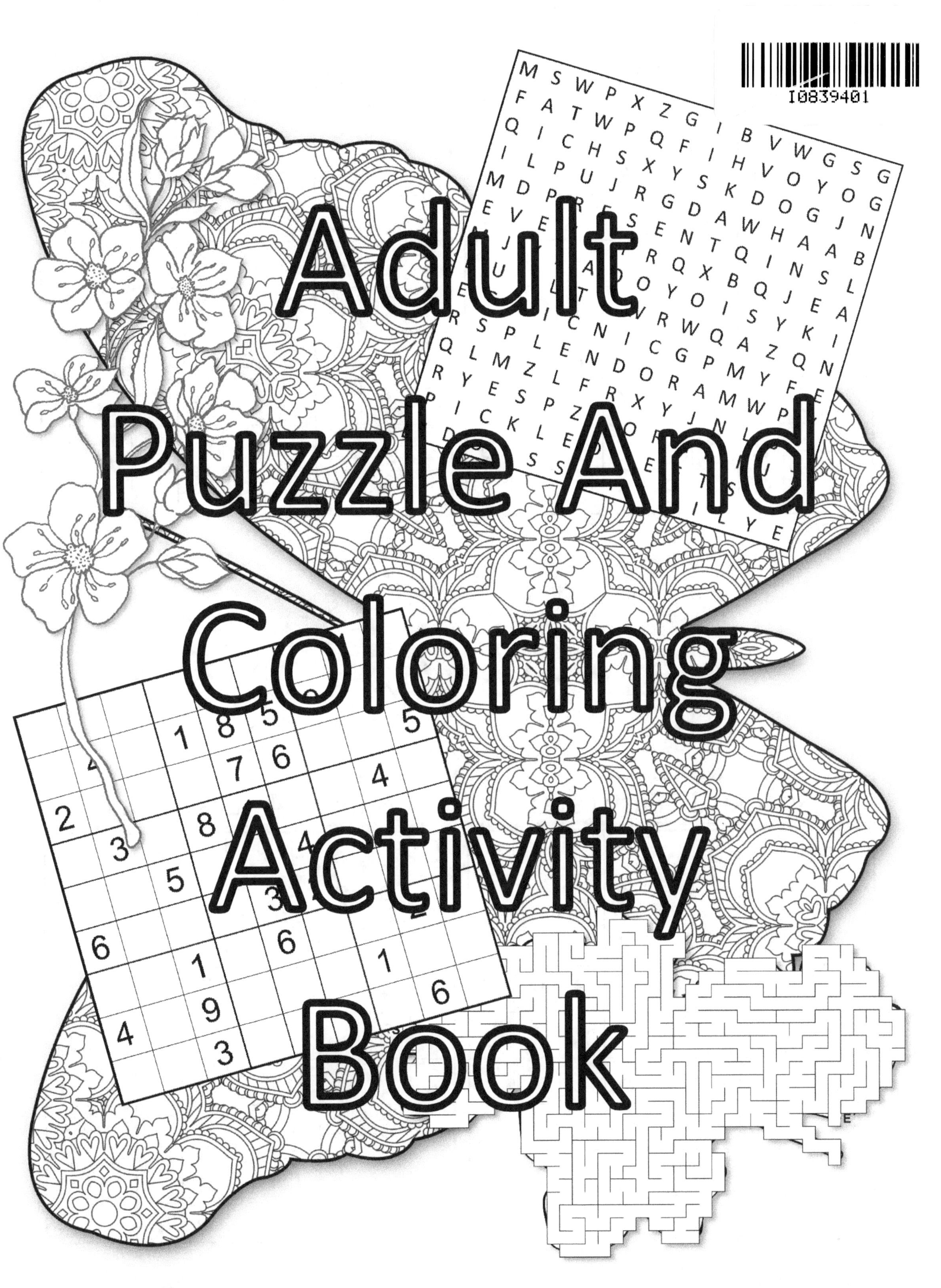

Adult
Puzzle And
Coloring
Activity
Book

Sudoku 1 - Easy Level

	2						4	
		3			4		8	9
		8	5					1
	3	7						4
	9			5		1		
				4	8	7		
4	5		8		7		6	
		2	6					8
				3		5		

Sudoku 2 - Easy Level

6		9	4		5			
						3		6
		2	9			7		
	8	4			6		5	
		6	3		7		1	
1				8				
	5				2			7
						1		9
	4	7		3	8			

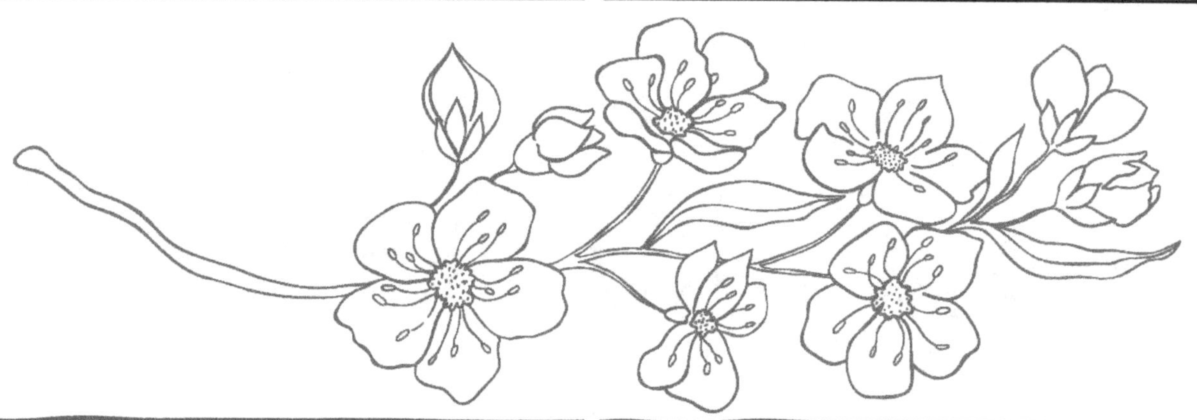

Sudoku 3 - Easy Level

7	8		3					
1					4			
3					2			4
		8	7			3	9	6
	2			9			4	5
					3			
9							8	
	4						2	1
		1			8	6		3

Sudoku 4 - Easy Level

6		3	4		2	8	7	
	9	2	5				3	6
				3				
5	4			6	7	1		8
	8					5		
2			9		5			3
	6		1		8			7
		1	7				8	5
7	3				9	2		

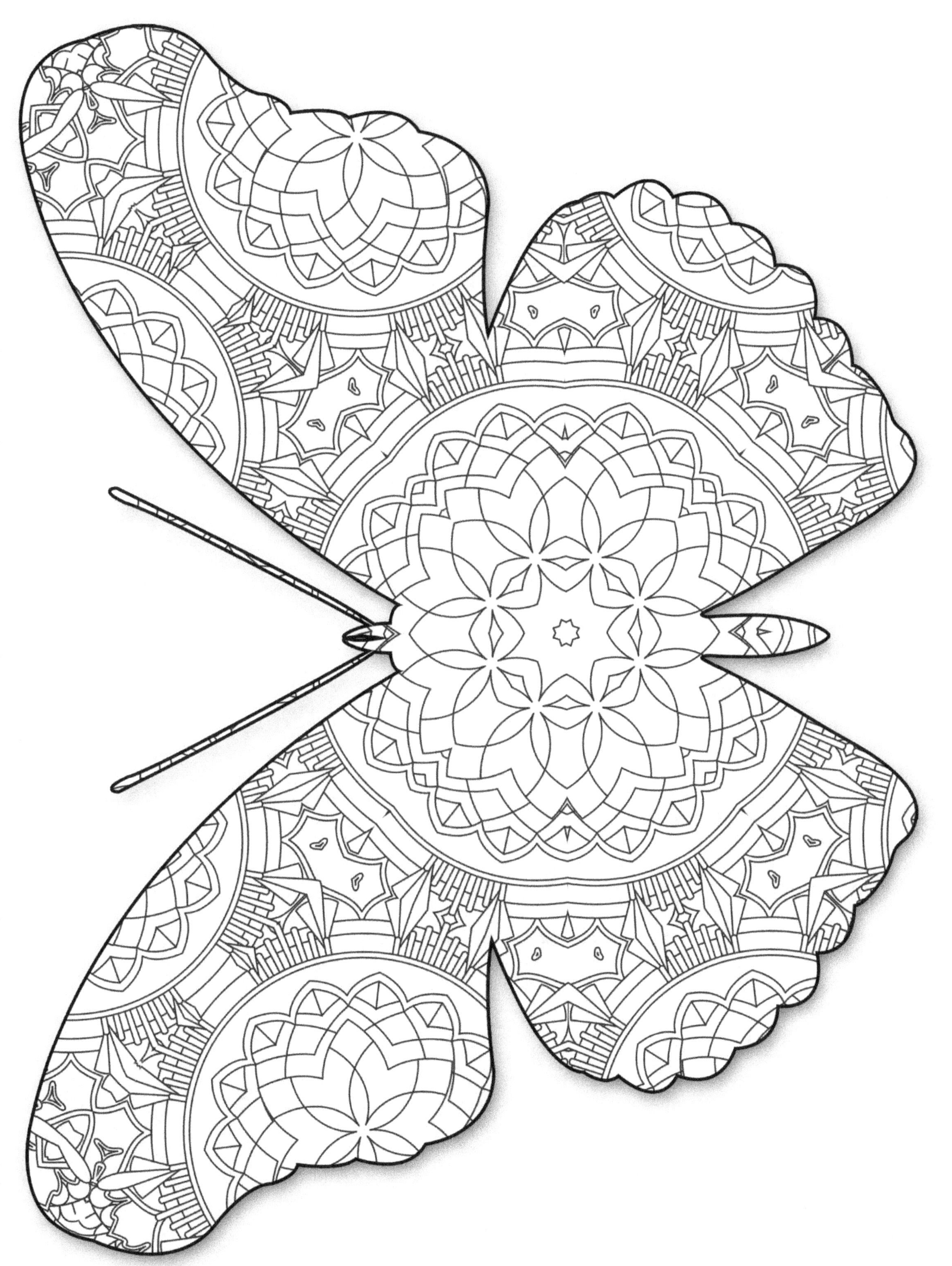

Sudoku 5 - Easy Level

		7			4			1
6					5		4	3
				2			6	
	7			3		1		
				5	9			6
4	6					9		
9		4	6	7			8	
		8			2			4
	5					7		

Sudoku 6 - Easy Level

		9			2	4		
			4			8	5	
					9	1		
4	3	7	8					5
	9	6		3			2	
				4				
	5					3		
	2	1					9	
7		4			5			1

Sudoku 7 - Easy Level

	7			9		6		4
1						7	9	
		5	4		2			
7	1							5
		8	5		9			
2					7	9		
9								
5			6	8			3	
	3			2		8		7

Sudoku 8 - Easy Level

							1	
	4		1	8	5	9		
2				7	6			5
	3		8	1			4	
	5			4				
6			3	2				
	1		6				2	
4	9				1			
	3					6		

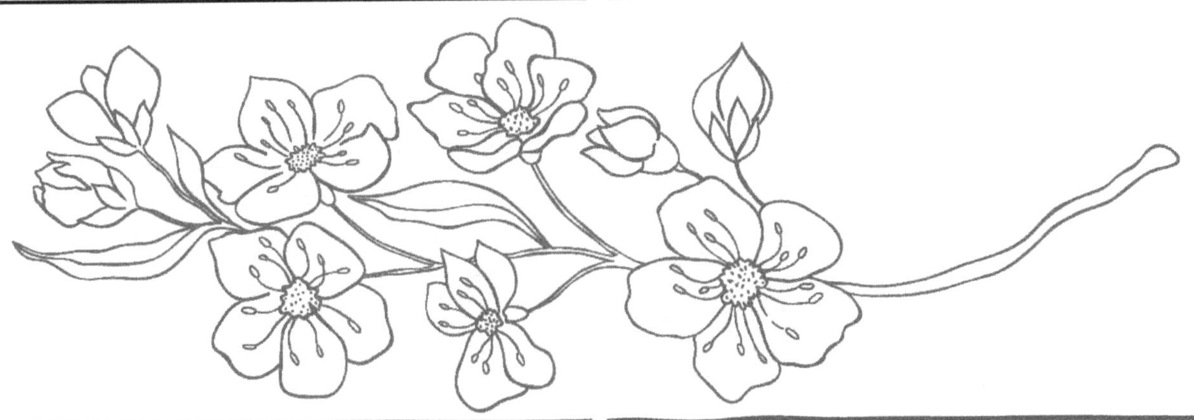

Sudoku 9 - Easy Level

1		4						2
			7	9		3		
	9		6		1		7	
						9		
6	8			5		2		
	4		8		7		5	
2		9						8
		7	9			4		
					2	7	3	

Sudoku 10 - Easy Level

	6			8	1	7		
2	1		9		3	4		5
4								1
		5		3		1	4	
7	3				8			6
9				5	4	3		
	9	7		2	6		3	4
8		6		1		9	7	
			7					

Sudoku 11 - Easy Level

					3			7
			8	5			1	6
	1		9		7		2	3
5			1				8	
					9			5
4	7	9		6				
	8	1			5	7		
7								4
							6	

Sudoku 12 - Easy Level

6				8		2	1	
	7							
		4	5			3	6	7
			1			9	8	
	5		9			7		3
					6		5	
	8				7	1		
	7		5	4				
	1			9				

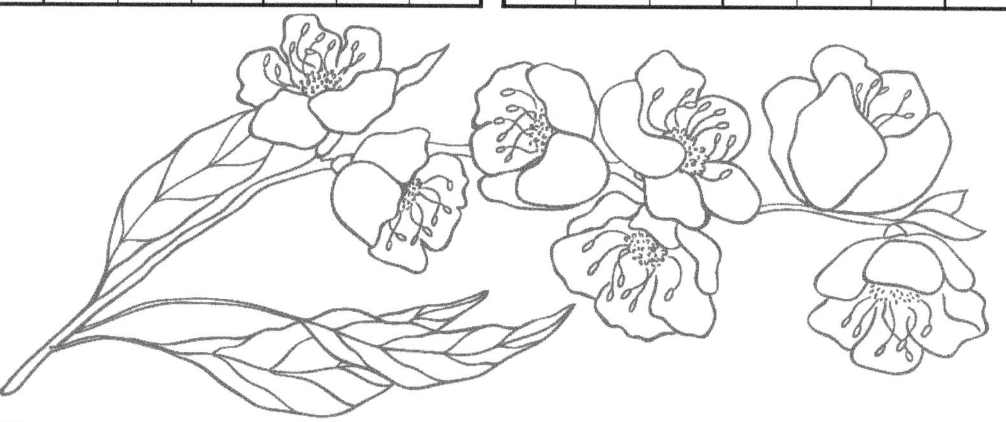

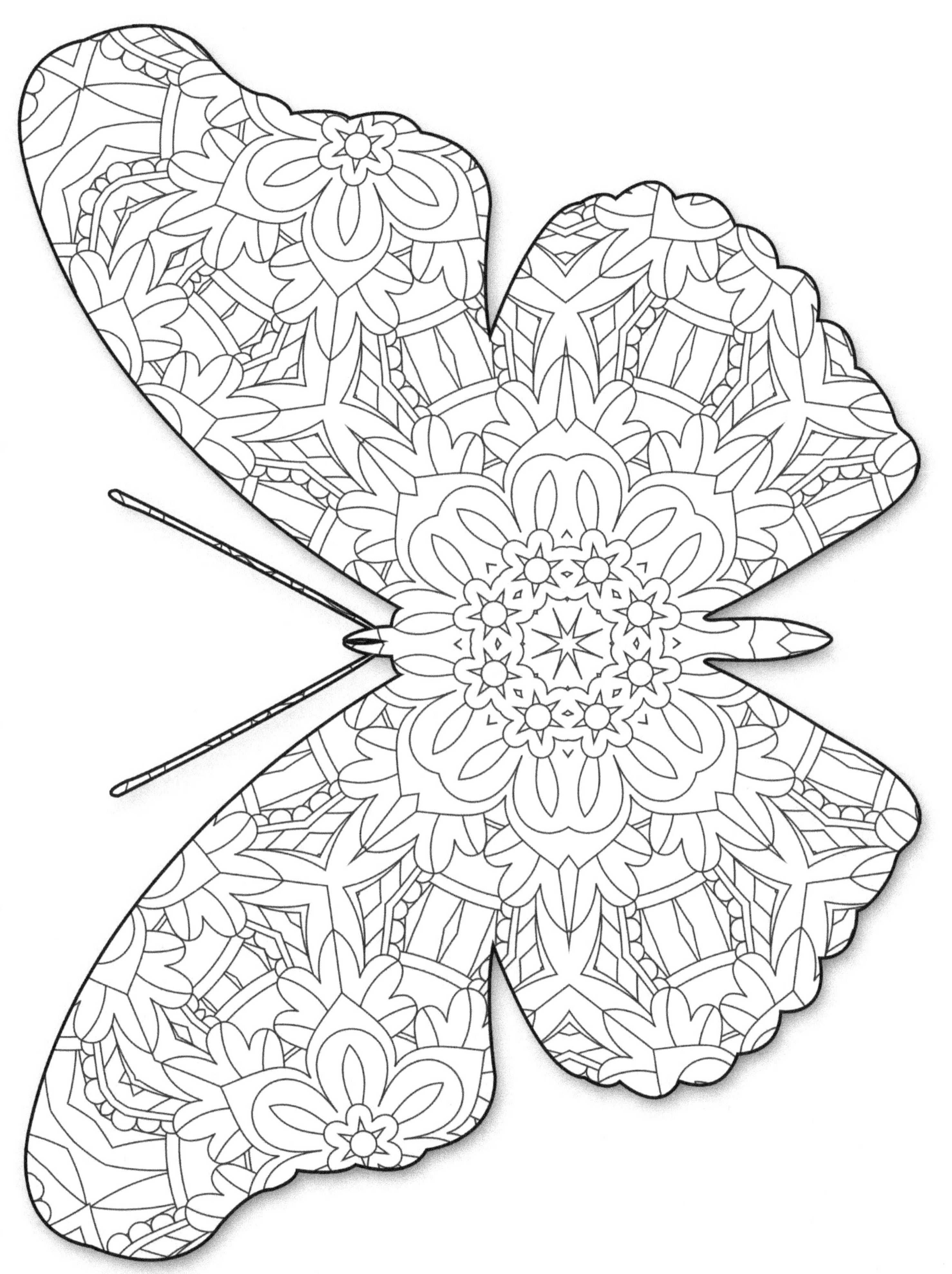

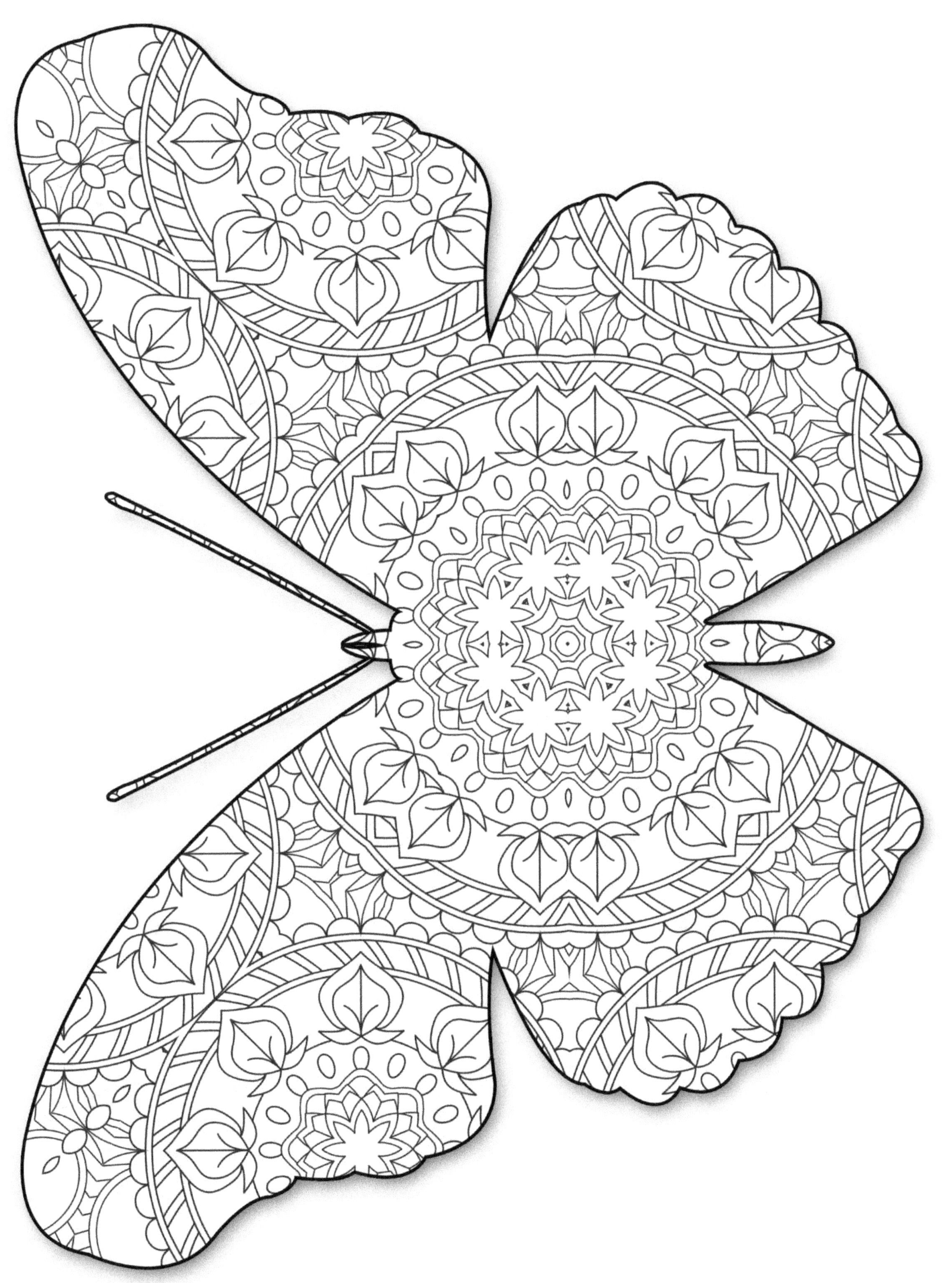

Sudoku 13 - Medium Level

					5			9
					4			8
			8	3			7	5
	4				2			
1			5		4		8	
	3	9				5		1
3	5		9		1			
7		1	6					4
		6			2			

Sudoku 14 - Medium Level

		2						
	9					7	1	
7	6	3					9	
		4			6	3	8	
			2	1	6			
		5		7	2			
			1	9			3	
9				8				
	2						6	

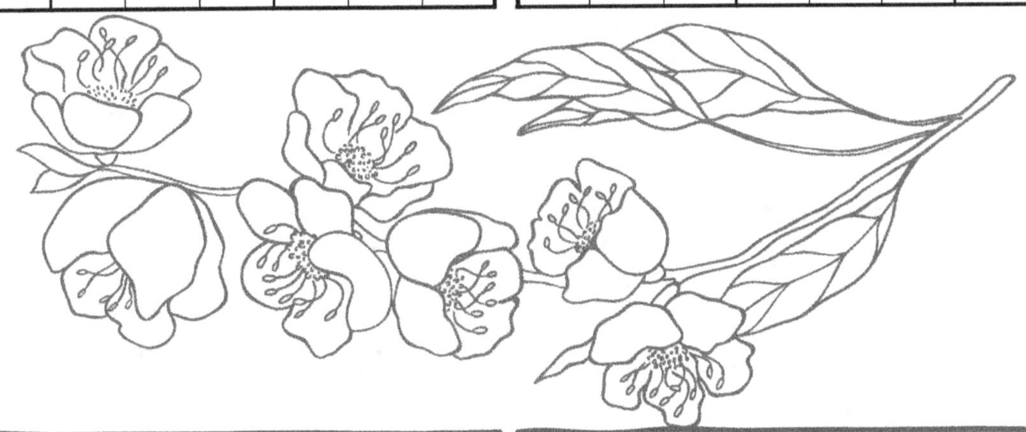

Sudoku 15 - Medium Level

	5					1		3
6								
7	2	3				5		
		5	4					
				5	1	7		
	6					2		
			1	6				2
8				2		4		7
9				3				6

Sudoku 16 - Medium Level

		4		6	8			1
	7	8		1			9	
	5			7				
9	6						3	8
					7			9
	8							4
		2			5			
	2	1	3					7
1	4		6	8				

Sudoku 17 - Medium Level

			4					
6					7		9	
	7						6	5
3								6
	2				1	7		
5			2	8	4		1	
					9	6		
	8			4			2	
	1		6	2		9	7	

Sudoku 18 - Medium Level

6								
	5		1		3			
7	2	3	5					
9					6	3		
8			4		7	2		
					2	1	6	
	6		2					
		7					5	1
		5				4		

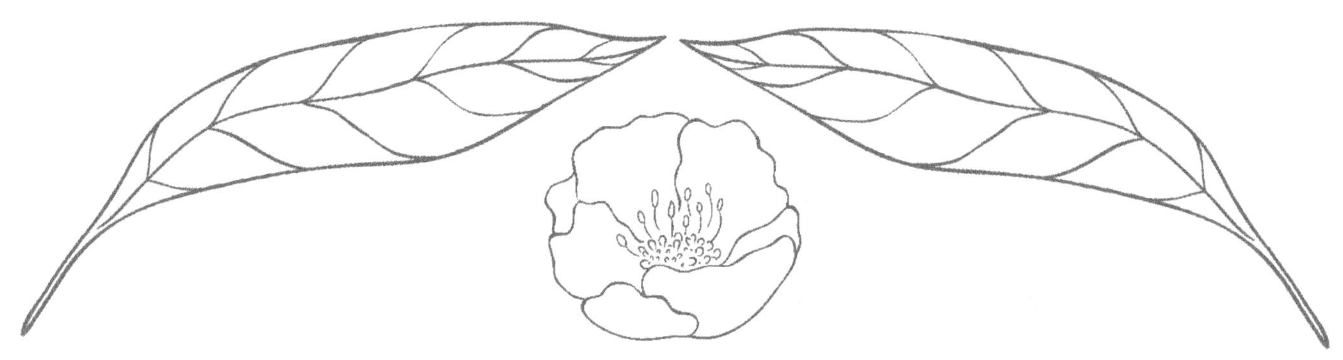

Sudoku 19 - Medium Level

		6						3
			6	3				
3					9	5	8	
9								
	4		8		6	7		
		5		4				
4		8			5	6		
	7				2	1	3	
	6			9				7

Sudoku 20 - Medium Level

3	8	6	7				9	
		9			8			2
			5			1		
		2	1				4	
					2	7	1	
	6							
6					3		8	
		4						1
8	1				9		2	4

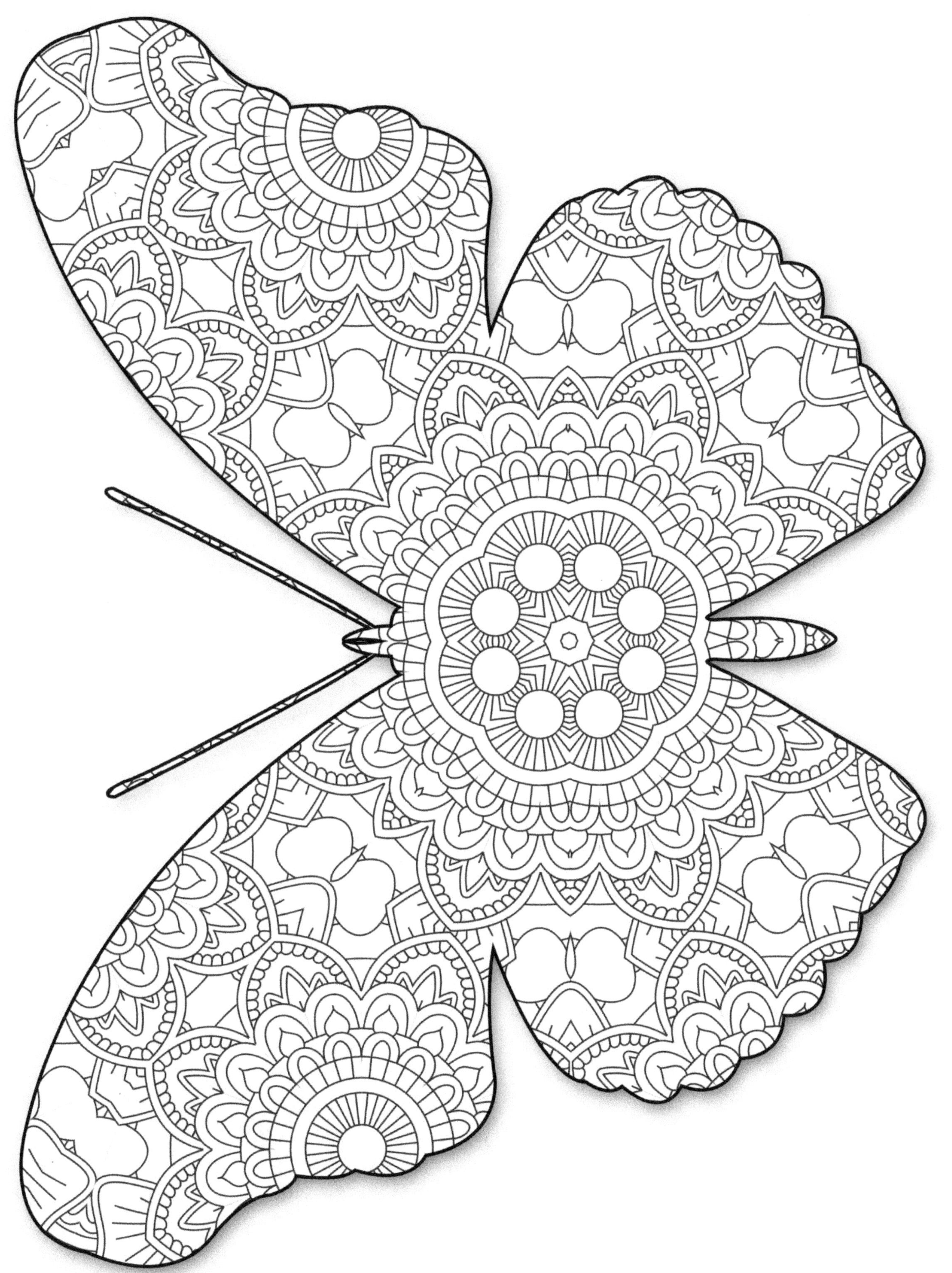

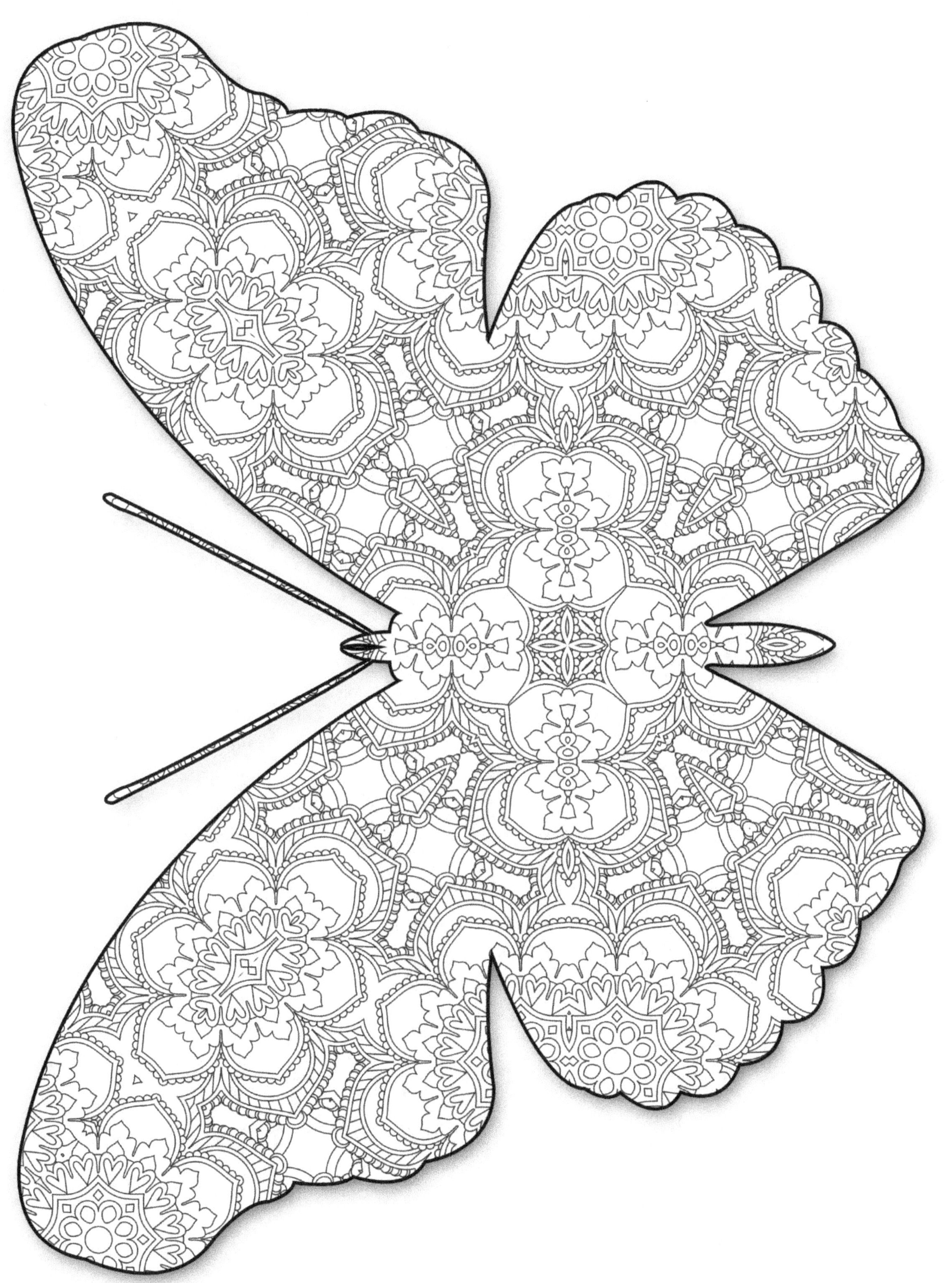

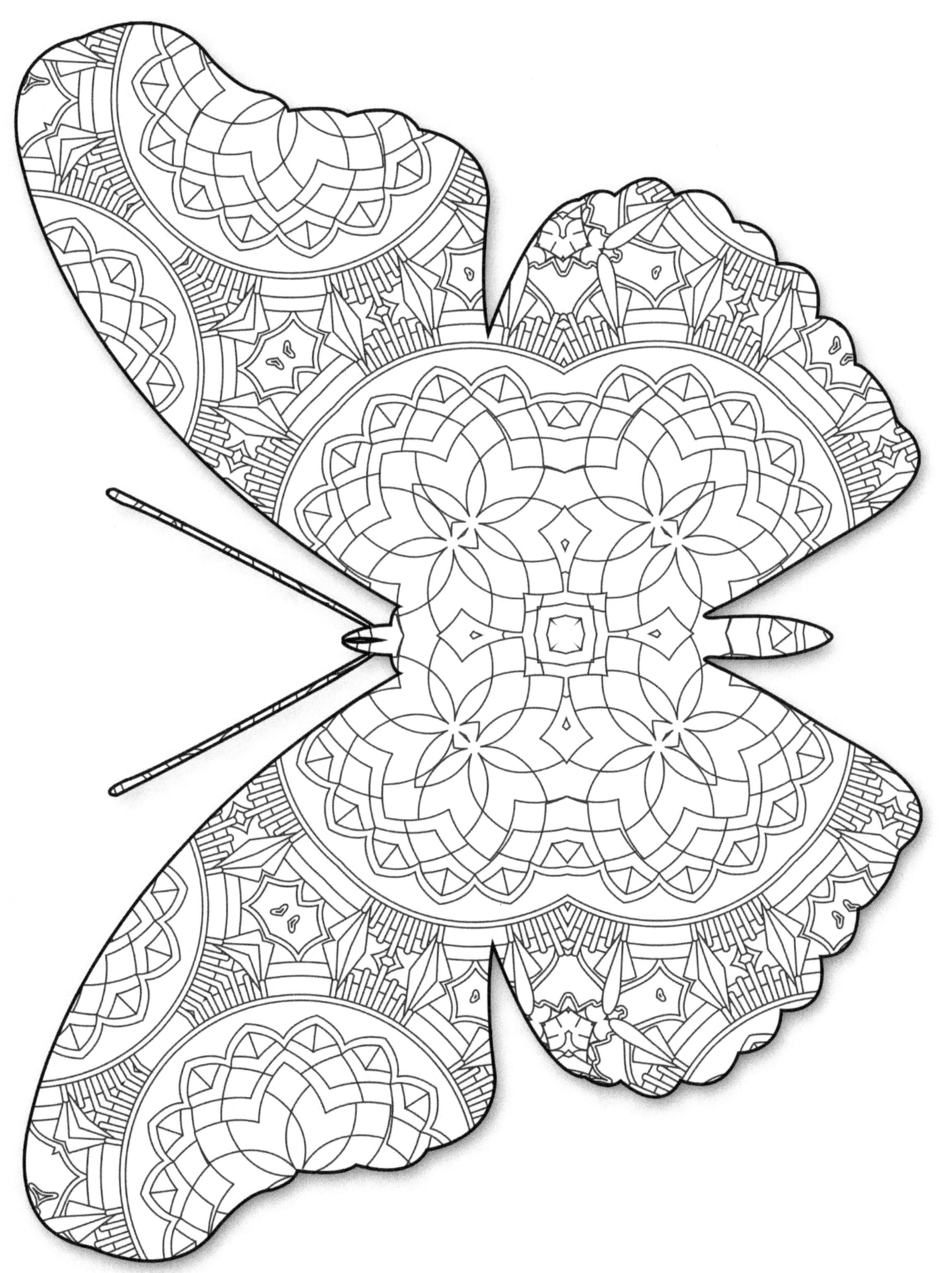

Sudoku 21 - Medium Level

		5				3	2	7
								6
3		1					5	
6			3					9
2			1	6				
7		4	2					8
		2					6	
		7		5	1			
			4			5		

Sudoku 22 - Medium Level

		1			2		4	
2						7	1	
				6				
9			8	1			2	4
					4			1
3			6				8	
		7	3	8	6		9	
8					9			2
		5				1		

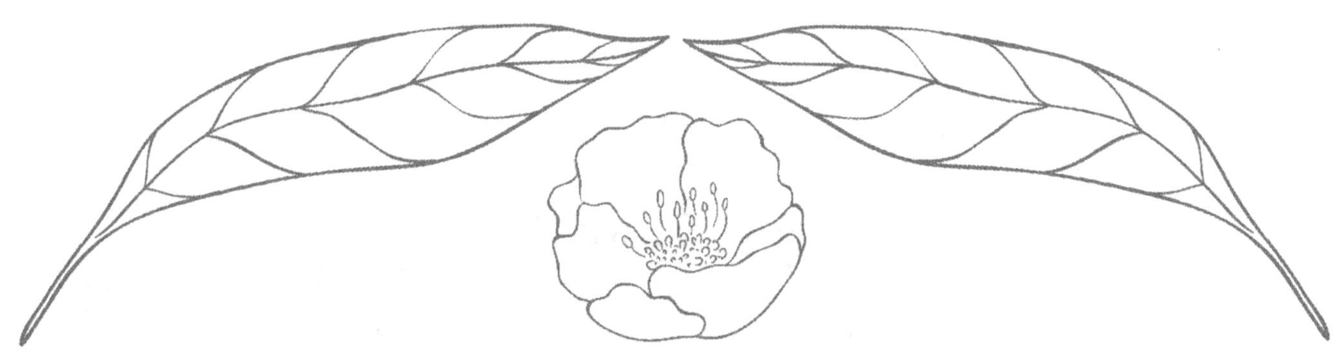

Sudoku 23 - Medium Level

1		8	3					
3			9		5	6		
4			8			7		
						8		
					2	9	3	4
		4			1		2	
	1	2			9			
					3		8	
5								2

Sudoku 24 - Medium Level

4			5	9	3		6	
	5				6	8		
2								7
		3						
7				8		1		
	8						7	4
	6		7	5		1	8	
	9			3			5	
					1	7		

Word Search 1

```
M W E U S V K S R U D D E R
V Y U N A M R P X Y I V B O
V T G D T E R B X Y D Z S U
S O N G D B Z P L P R E X V
T U B I R D E G G S E U S G
A T P S B V J U W R G C N W
T S B R I B T Q T A A O B T
E I M W V U T Y M A S M I R
Y D F T C A E H S D K W F Q
W E G Y C T S D R X V U O Q
V P C I V K U I W H C L H V
U L T F N O B D L P Y S L S
Q A F I L R E A R R A N G E
O Y S C P R O V I N C I A L
```

BIRD EGGS
BIRDSONG
CLOUDS
OUTSIDE PLAY
PROVINCIAL
REARRANGE
RUDDER
SINKS
SONG
SPIDERS
STATE
TREES

Word Search 2

BLOOMING
EMERALD
HIVE
IRIS
LAUNDRY
LAWN
QUACK
RIVALRY
SQUIRRELS
SUNSCREEN
WALKING
WARM WEATHER

```
S F B S A Q T X S K R F T R
Q G L Q B J U W M N I Q S K
U F O I R I S A L O V C C I
I O O V D Z U R C E A T F Q
R U M L A W N M A K L W U O
R L I I Z A S W H E R C E U
E D N S D L C E H J Y K E M
L E G U R K R A Q X L I W H
S G M P X I E T A Z G I Q S
B H C E G N E H I V E D K Z
Y O L D R G N E A S U J B E
A J F X D A C R L R A O E D
U W J M O H L L A U N D R Y
D B G Q G G Q Y D W X T G O V
```

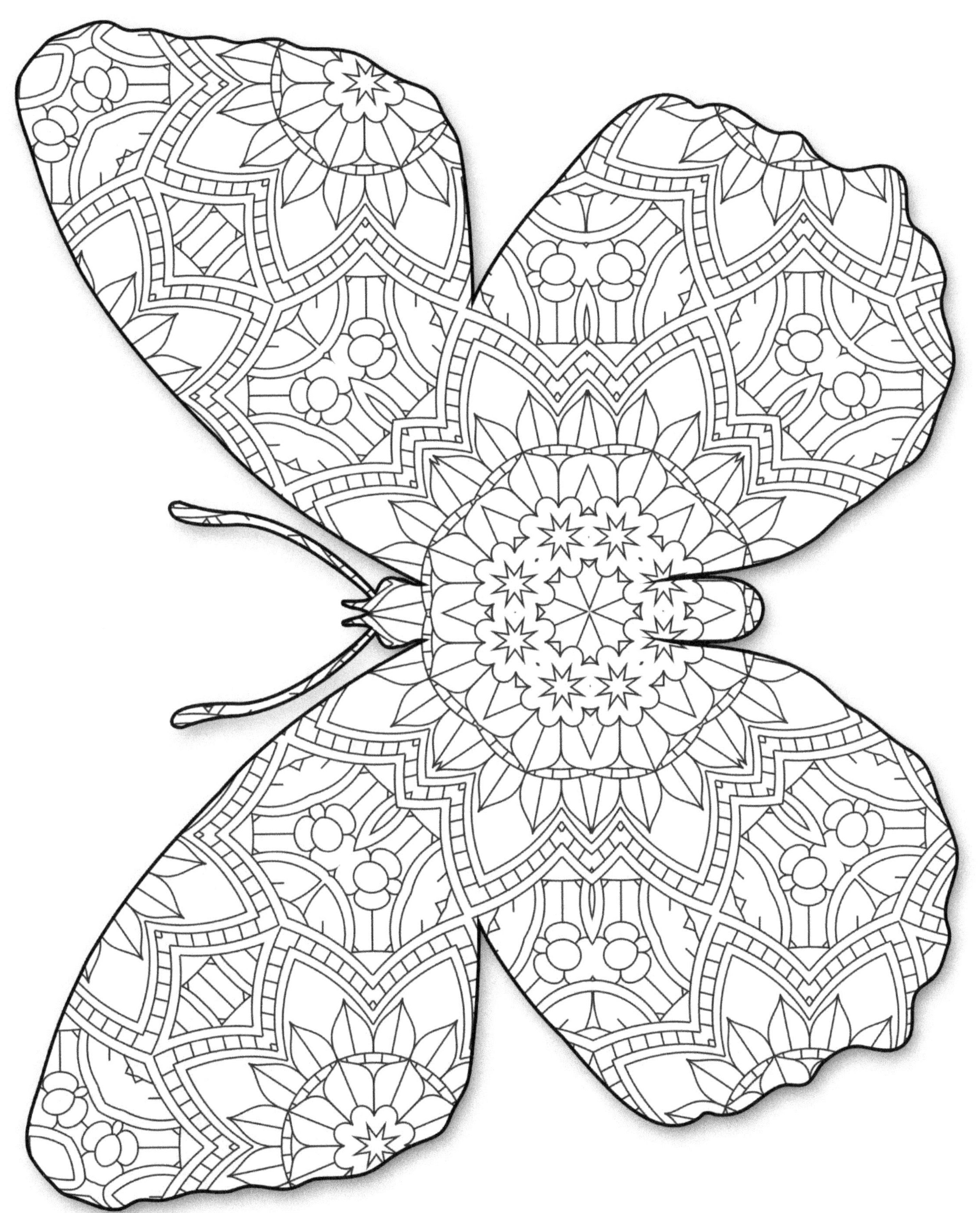

Word Search 3

CAPTAIN
DOWNSIZE
ENTERTAINMENT
FOUNDED
ICE CREAM
MELT
PASTELS
PERSONNEL
RAINBOW
RAINBOWS
SPONGE
SPRING CLEAN

```
P V Q K B D S Y M E L T P E
Z T U T F L B A P M I T E N
L O P Y E Q E H O E V N R T
M P O T D R H F Z F A H S E
G J S J C V A I I E G N O R
I A G E B I S I L B A C N T
P T C G P N H C N C Q E N A
F I Z N W B G P P B N J E I
V M F O U N D E D O O O L N
X U D F I C N K F A G W S M
O Z N R U R A I N B O W S E
C A P T A I N J W H N A D N
O S P O N G E D B K W T T T
Q A Y K P U M D I N E C X X
```

Word Search 4

```
O G C V W J Q L P S P Y Q U
H R D Y E U E N R H A X K Y
Y T C P G Z E E B O D X O N
B Y R H L Q V R U W D S U N
I Q U O I O W T L E L L E A
X W O N L D V M B R E E M B
S P E C I A L S C S R E Y I
C R H I G F E Q D J M P N A
K P W P M R O N G K G I V X
A Q U Y O V I R S K N N R V
M W C M P W A R M I N G O Z
J L S H S H K F E P I A F A
G R V V B I L X J M N G V V
R N N M G B M W Y Z D P P L
```

BULB
CLOVERS
ORCHID
PADDLE
POOL
SHOWERS
SLEEPING
SMORES
SPECIAL
UNIFORM
WARMING
WIND

Word Search 5

```
M S W P X Z G I B V W G S G
F A T W P Q F I H V O Y O G
Q I C H S X Y S K D O G J N
I L P U J R G D A W H A A B
M D P R E S E N T Q I N S L
E V E V P Y R Q X B Q J E A
M J Y A A O O Y O I S Y K I
B U I L T Z W R W Q A Z Q N
E G P I C N I C G P M Y F E
R S P L E N D O R A M W P Y
Q L M Z L F R X Y J N L S I
R Y E S P Z E O R G N I J T
P I C K L E D B E E T S Z R
B D U L S S U F A M I L Y E
```

BUILT
FAMILY
IDEA
MEMBER
ORGANIZE
PICKLED BEETS
PICNIC
PLAYED
PRESENT
SAIL
SPLENDOR
TORNADO

Word Search 6

AMERICAN
DUCKLING
EARLY
HANDLE
LAVENDER
LILIES
PLANT
SCRUB
SNAPDRAGON
THAWS
WATER
WEED KILLER

```
T N H R N O W T B A J X N K
P H E T F M H I L Z O P L O
L L A M E R I C A N D M F F
A I R W M Q P V Z T E P X Q
N W L X S C R U B G R P T I
T E Y I S N A P D R A G O N
F E C H E F C E U L O Y R J
L D Y W C S L W C A C L J O
W K N T I D S A K V K A A X
K I S N N T X T L E A R F F
A L F A Z D X E I N R Y L N
V L H H M U F R N D N S V B
Z E A N S G F F G E E G D Q
O R X E X X K E P R S Q C K
```

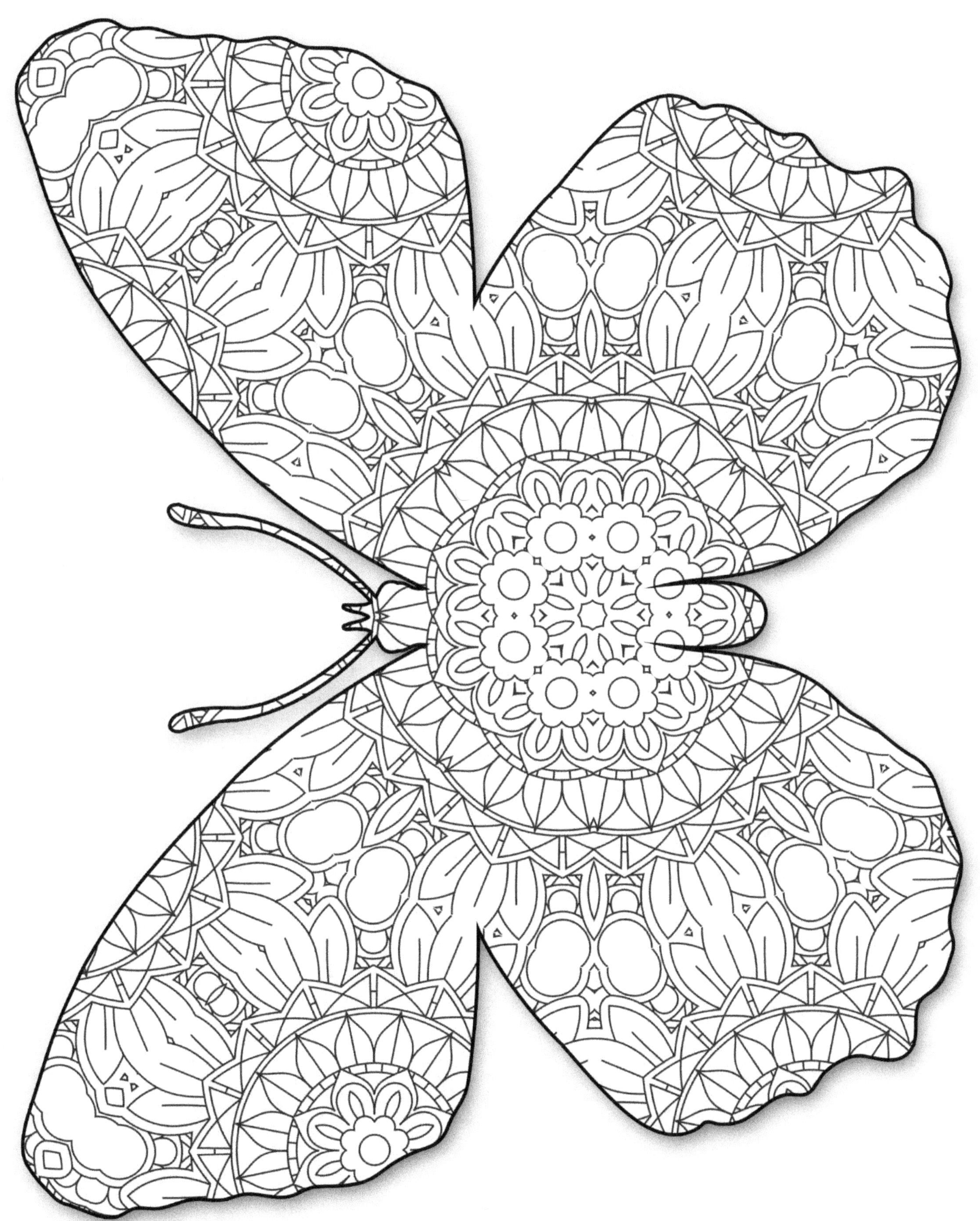

Word Search 7

CHAMPIONSHIP
COACH
DECLUTTER
EXISTENCE
FROGS
HOST
INSECT
RELAXING
ROBIN
TAURUS
TULIP
WEATHER

J	D	M	Z	N	E	E	Z	M	N	M	X	U	L
R	E	X	I	S	T	E	N	C	E	S	B	A	Z
H	Y	B	O	T	Z	F	I	N	U	I	Y	R	Q
B	O	H	K	Y	L	C	H	R	T	U	J	A	W
R	S	S	W	E	G	T	U	E	F	U	Q	D	U
U	C	Z	T	E	O	A	I	X	R	D	L	V	Y
R	G	M	J	L	T	G	C	I	O	Y	J	I	J
K	G	R	E	L	A	X	I	N	G	Q	Y	C	P
W	X	V	Z	P	J	R	V	S	S	X	V	Z	H
F	K	C	F	D	Z	K	W	E	A	T	H	E	R
J	Q	F	M	T	A	Q	G	C	O	A	C	H	H
U	J	N	L	B	C	S	L	T	B	D	G	P	Z
D	E	C	L	U	T	T	E	R	K	P	N	M	Y
X	C	H	A	M	P	I	O	N	S	H	I	P	O

Word Search 8

T	F	R	U	W	P	A	G	O	K	A	E	H	B
R	R	K	V	X	G	L	J	B	N	K	L	B	H
A	O	U	N	R	P	D	U	U	L	I	H	U	V
C	L	P	A	R	T	Y	T	D	O	S	D	T	I
T	I	J	Y	V	K	P	E	S	E	U	U	V	S
O	C	V	H	I	Y	C	Q	R	E	N	G	H	B
R	B	F	Y	P	N	E	F	Y	R	N	O	X	H
E	A	X	L	A	C	C	N	J	L	Y	U	N	Q
N	N	F	D	H	P	O	Z	V	P	I	T	L	M
E	S	O	Z	Y	E	N	K	H	P	W	Y	P	Q
M	R	U	R	P	K	S	J	Q	T	X	X	L	W
Z	R	R	U	T	L	F	D	A	V	F	K	D	A
M	B	T	Y	Y	R	U	U	O	P	B	W	A	S
Q	Y	H	P	D	F	S	S	O	H	H	Z	G	H

BUDS
DANCE
DUGOUT
FOURTH
FRESH
FROLIC
PARTY
PEONY
SUNNY
TRACTOR
TUNA
WASH

Word Search 9

M	H	C	L	R	A	U	V	S	Z	P	A	J	I
K	O	Y	U	M	L	M	Q	W	E	C	Y	D	G
B	Z	I	J	J	A	B	L	I	L	Y	Q	L	S
T	O	N	R	I	N	R	O	M	P	Y	P	P	K
F	F	N	X	N	A	E	T	M	U	L	E	S	F
Z	H	V	F	Q	P	L	W	I	N	E	A	E	V
D	M	I	R	I	L	L	Z	N	P	Z	O	Y	Q
U	V	S	G	L	R	A	F	G	N	V	F	Y	X
S	B	P	G	F	O	E	Q	E	A	I	P	D	X
T	H	U	N	D	E	R	S	T	O	R	M	V	U
A	L	L	E	R	G	I	E	S	I	T	M	H	T
P	A	S	S	O	V	E	R	U	F	X	Z	K	Y
C	A	R	N	I	V	A	L	B	M	T	U	T	A
B	K	Q	Z	M	P	P	H	T	A	H	Y	Q	Y

ALLERGIES
BASED
BONFIRE
CARNIVAL
DUST
LILY
PASSOVER
PEEPS
PLAY
SWIMMING
THUNDERSTORM
UMBRELLA

Word Search 10

ARENA
BARBEQUE
DEBUT
HATCHLING
NATURE
PORCH
RESPECT
ROOT
SUNDAY
SUPPORT
UNITED
YEAR

N	R	U	F	L	D	Y	P	O	R	C	H	F	Z
U	A	K	N	D	U	W	M	A	R	E	N	A	K
U	V	T	Y	I	V	A	E	U	D	O	F	W	U
M	D	R	U	X	T	Y	S	U	P	P	O	R	T
S	U	Z	A	R	W	E	Q	Y	B	T	T	T	F
E	P	X	C	T	E	S	D	B	A	S	T	H	M
R	E	S	P	E	C	T	I	Q	R	U	I	A	H
Z	Q	T	C	L	I	R	R	U	B	N	C	T	C
Q	D	T	A	W	M	B	C	E	E	T	R	C	L
W	B	M	E	T	U	Q	D	J	Q	H	K	H	M
A	K	D	O	M	L	C	O	J	U	C	V	L	A
C	P	H	R	Q	W	O	F	O	E	I	F	I	W
S	U	N	D	A	Y	A	Z	D	X	W	D	N	E
U	R	D	D	J	W	I	Z	Q	A	F	H	G	J

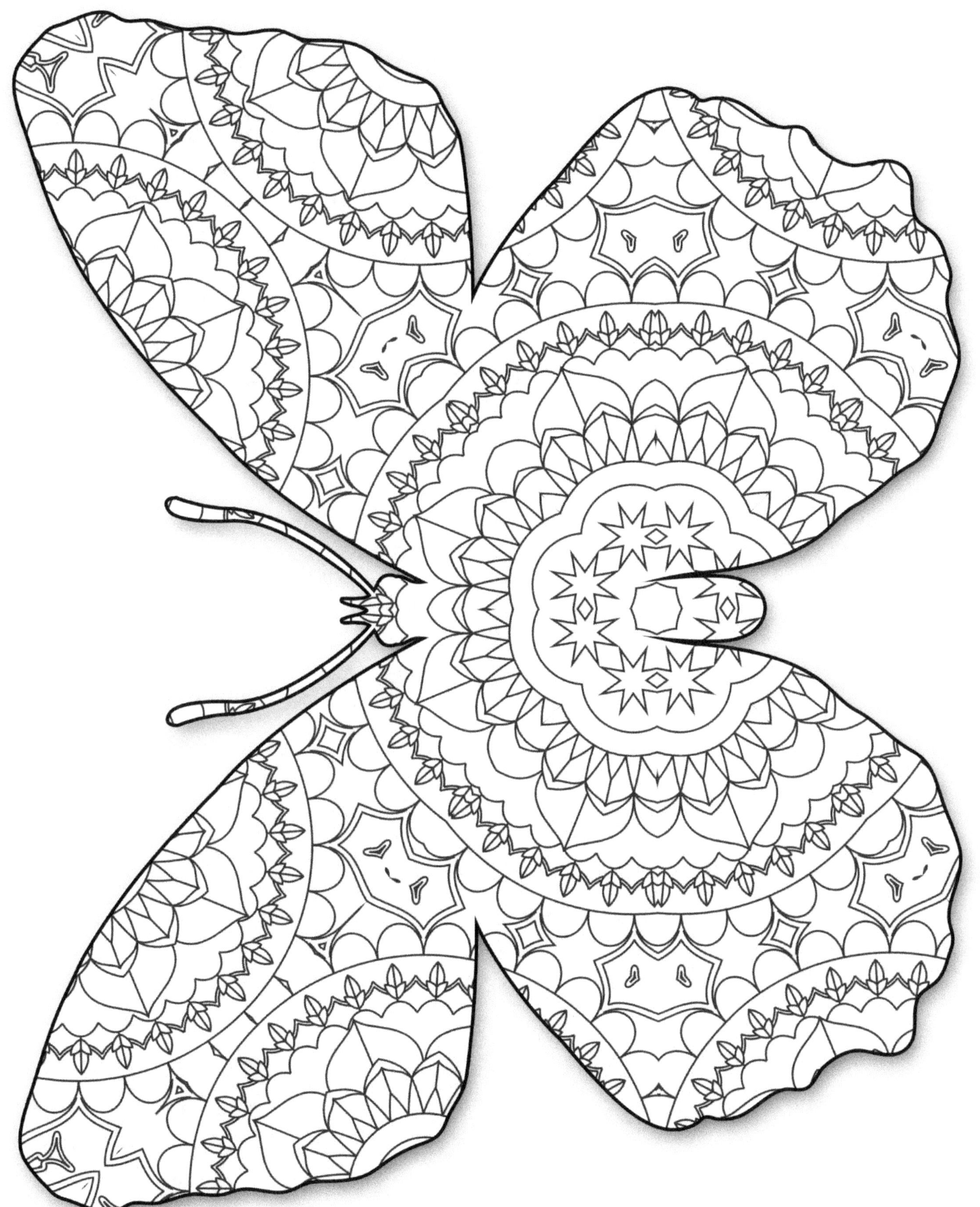

Word Search 11

ANIMALS
BABIES
BLOSSOM
HONEY
LAKE TIME
LIFE
PLANTING
SOWING
SPIRIT
SUNSHINE
TADPOLE
TIED

```
P I G F X C G F H M T Z G D
Z H R L S N J D O M H R F W
T C X E I L E S N C Z J H I
J V F W N L S O E H W W Y Y
P I O O O O A D Y K R S D Q
L S B P L S U K Y W S E W J
A Q D B A U K L E M I D Z Q
N A D A U N P Y V T Q L T D
T W K B N S I G N I I I D B
I M C I K H H M K H R M A N
N P L E Z I E D A I C U E T
G W H S V N T N P L M V C E
X X N J L E I S B N S I Z K
T S G V T C I J Q G Z U P T
```

Word Search 12

```
E W W W W S M G D E C J V B
F A Y Z D A B B K A B B X A
A J H M E W V I Q S I E Z B
C O N T R O L K C T B S D Y
F V K N I H U E S E V C Y A
Z F A O Z F N S T R O L L N
W O P G A R D E N B O A F I
F O O T B A L L M A U H A M
P K Z B C C C H U S C O I A
U D P P T C G I B K Y L R L
K C L I W K Q D N E L I N S
P S T A Y U P L A T E D E E
I Q Y X I T Q S A S S A S K
Y T W Q X C L J F Y O Y S J
```

BABY ANIMALS
BIKES
CONTROL
DAISY
EASTER BASKETS
FAIRNESS
FOOTBALL
GARDEN
HOLIDAY
STAY UP LATE
STROLL
TEAM

Word Search 13

```
C M I D F H U L P H U J H S
N A T N A R A I N C O A T B
G G M Y F Y E B Z E J B E F
K R U P H O L A O C R Z A T
L P M B I T R I D U E W R L
R F E Y S N Y M G A P O S U
M P L E E Q G H A H B L E N
K A D W E D Q H S T T O E R
S L I Z D C E P E M I M O T
O F N N S E X H L B E O G K
N C N C H E R R Y S F J N M
A L C B X H Y D R A N G E A
A F E Y N L D O N A T E Q Y
N K F I C S H K T X A N S L
```

CAMPING
CHERRY
DAYLIGHT
DONATE
HORSEMEN
HYDRANGEA
INFORMATION
OLDEST
RAINCOAT
READ A BOOK
SEEDS
TEARS

Word Search 14

BLOOM
BUDDING
CHERRIES
DEVELOPMENT
HIKING
LION
MIRRORS
PLOW
RELAXATION
VIOLETS
WORMS
YELLOW

```
V I O L E T S S I F D T J D
C B O Z W N R J X I N T M K
H M F H W O R M S E K K P J
E A E U R Q O J M L O W V C
R Q I R L Z Q P A Z J R W W
R Y I D X M O G D H B K B S
I M V R E L A X A T I O N D
E F I K E Z Q K Y E L L O W
S Z M V C G D D W Z M I P G
K B E Y M D F O R T C M O C
I D G V L A L X N H O U H N
P A S H X P J W X O T I H Q
H I K I N G R U L Z A U I Z
B U D D I N G B Z Q Q W N C
```

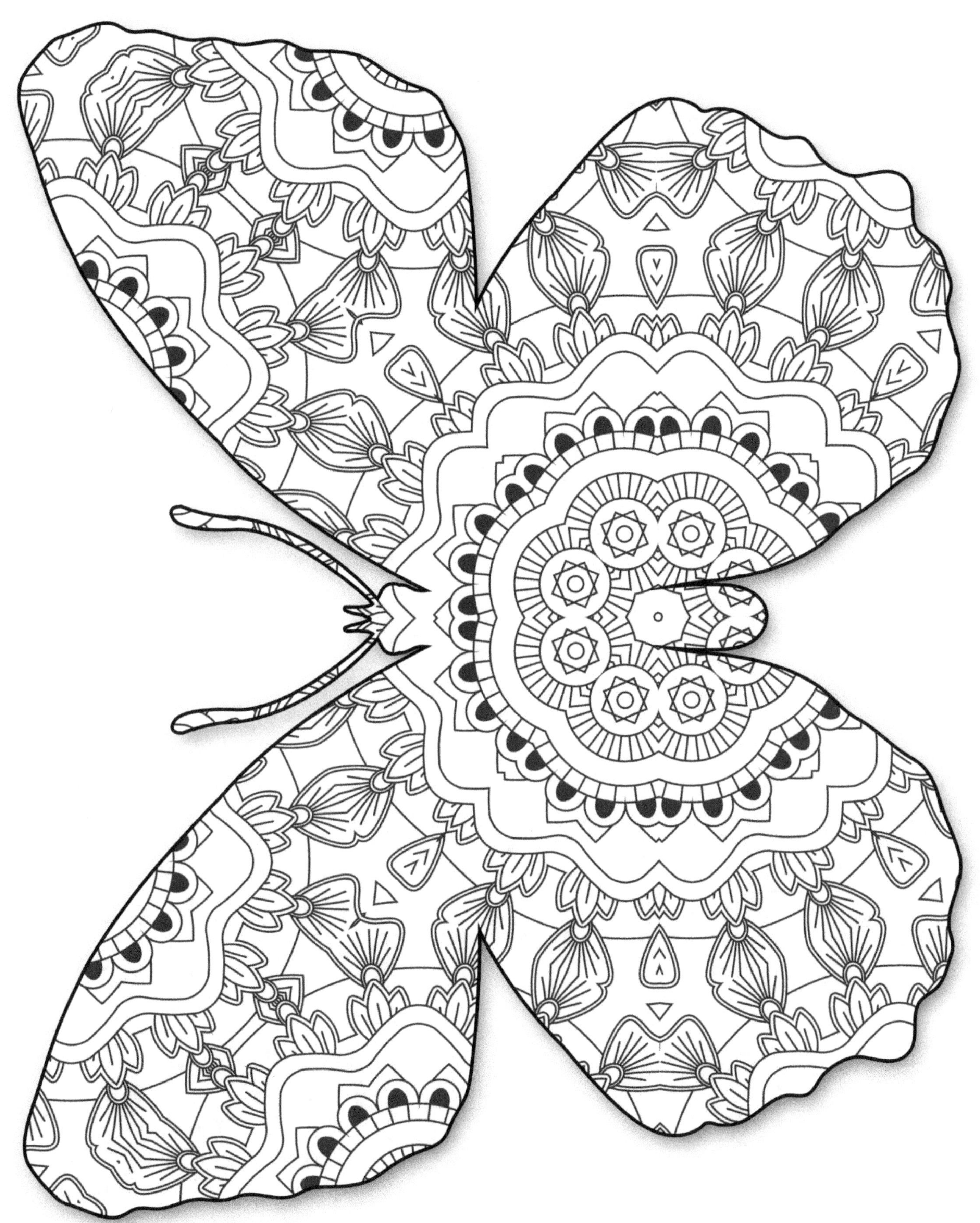

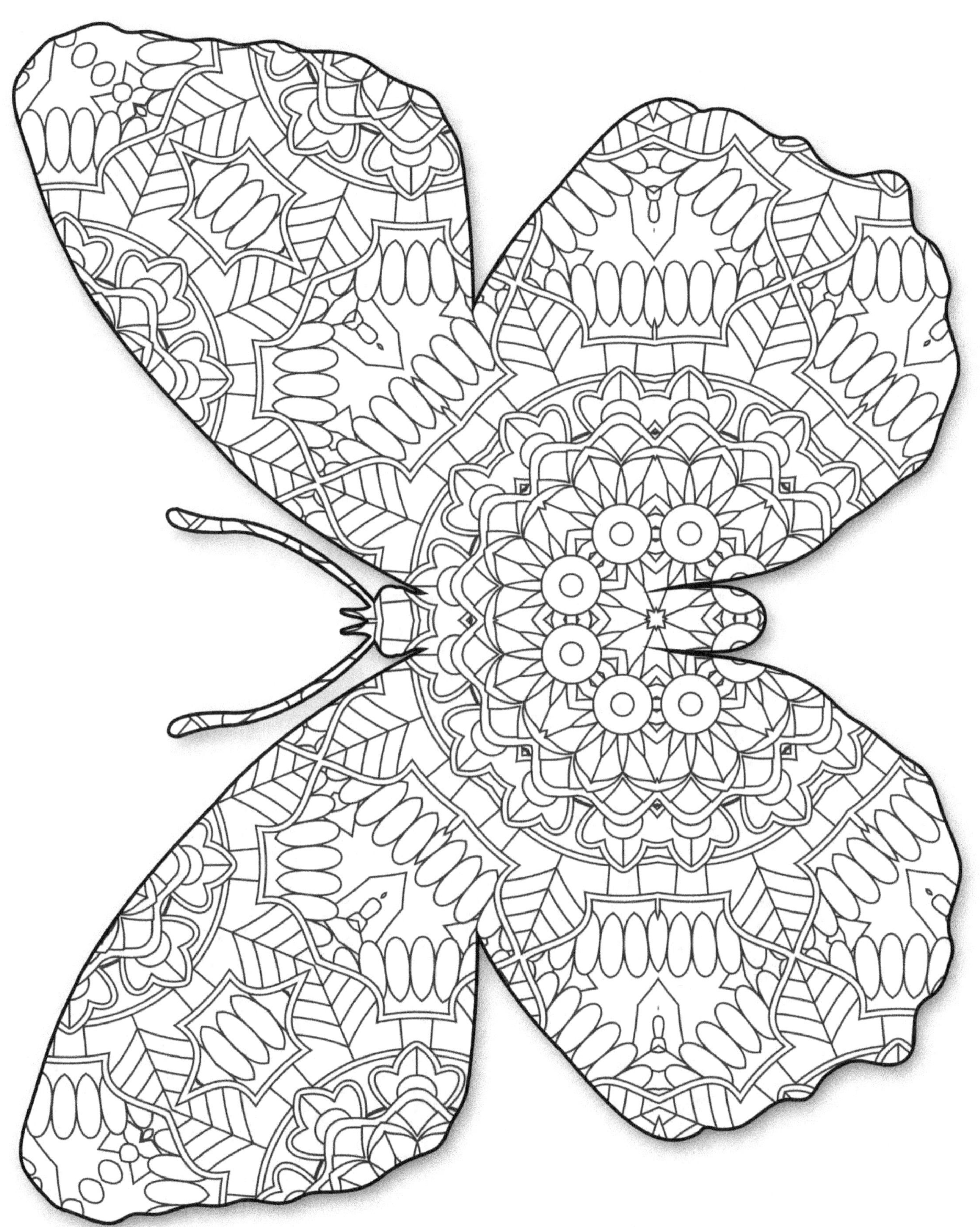

Word Search 15

CHILDREN
DAFFODIL
DIAMOND
EASTER
JUMP ROPE
LIGHT
PROPEL
SOFTBALL
STORM
SWEEP
TOMATOES
TREE

T	H	J	Y	L	C	E	T	U	H	A	M	U	D
S	O	U	A	P	C	A	K	R	J	H	R	F	I
O	B	M	S	K	R	G	O	S	E	E	H	D	A
F	M	P	A	T	E	O	C	M	T	E	P	S	M
T	Y	R	Q	T	H	Z	P	S	F	E	Z	H	O
B	S	O	D	X	O	L	A	E	E	H	R	T	N
A	R	P	K	A	Z	E	D	W	L	S	H	C	D
L	T	E	A	R	F	M	S	O	Q	G	S	G	D
L	Z	R	A	C	Y	F	A	T	I	C	C	M	T
L	E	H	Y	I	V	Z	O	L	O	Z	X	B	X
E	J	A	C	I	M	A	M	D	C	R	Q	G	Z
C	H	I	L	D	R	E	N	W	I	I	M	B	W
I	I	Q	P	I	N	J	H	Y	M	L	B	I	R
O	Q	V	E	G	U	H	Z	A	P	O	B	Q	J

Word Search 16

E	J	W	W	L	C	G	U	C	J	G	R	Y	N
G	H	Z	P	I	J	R	T	H	N	G	A	H	E
I	T	R	A	I	N	S	I	I	U	D	S	E	W
W	Z	X	Y	F	V	O	N	C	I	R	I	U	L
V	H	T	U	B	I	A	T	R	K	S	A	B	E
P	B	X	V	L	E	B	F	W	S	E	E	D	A
P	U	D	D	L	E	D	M	Q	K	T	T	I	V
R	B	E	C	G	O	K	U	F	O	R	K	S	E
L	K	S	H	O	G	N	O	O	M	I	O	C	S
L	G	A	G	A	A	U	F	Q	O	M	U	A	H
C	C	N	R	E	N	E	W	A	L	M	E	R	O
Z	C	B	X	D	R	U	D	M	J	E	G	D	W
C	I	G	P	A	I	I	U	J	G	R	Y	M	E
K	F	Q	B	K	R	G	N	R	P	S	R	C	R

BAREFOOT
CLEANING
CRICKETS
DISCARD
GOOD FRIDAY
NEW LEAVES
PUDDLE
RAIN
RENEWAL
SEED
SHOWER
TRIMMERS

Word Search 17

```
G O B G W E N Y P E V V P R
L F Z Q H O Z U L F X K A H
Q D D B I K C C T K Y L T F
U E F S G R Y U R D L X I B
R D S C E C C I V I U W O J
H I M T R C B T P K B C E K
M V T O R O D R Q I T D K N
R U T M L N E G E T T A J S
B O Q F Y T P R F E Y J O Y
M O U H A E A A F S Z I G I
G R C C H N R B Q W A Y G K
J N D D Y D K B T O Z Q I Q
W O U G E E S I J G V R N G
V A J Y I R L T X W O F G V
```

BREEZY
BUTTERCUP
CATERPILLAR
CONTENDER
DUCKS
JOGGING
KITES
MISSION
MOTORCYCLE
PARKS
PATIO
RABBIT

Word Search 18

CHANGE
CHECK
DUCKLINGS
FRANCHISE
GARDENING
OCEAN
ORIGINAL
OWNERSHIP
RELAX
SPRINGTIME
STRAIGHTEN
WINDOWS

```
J B S V F G A R D E N I N G
T D H S T R A I G H T E N N
U N Z C N B A B Y V G W H N
T U S A I O W N E R S H I P
N V E P S W G R C H E C K S
I C V D O E H H G H H R S P
O E Q H R E L A X P I G Z R
R H L W I N D O W S N S M I
C H A N G E E G D I Y M E N
K P I J I H Y N L P Q N W G
Q H Y W N R O K A P P J D T
M C J W A N C E F S A N K I
J S O Y L U X Y I D P Z T M
T I K J D O V Q F O I D H E
```

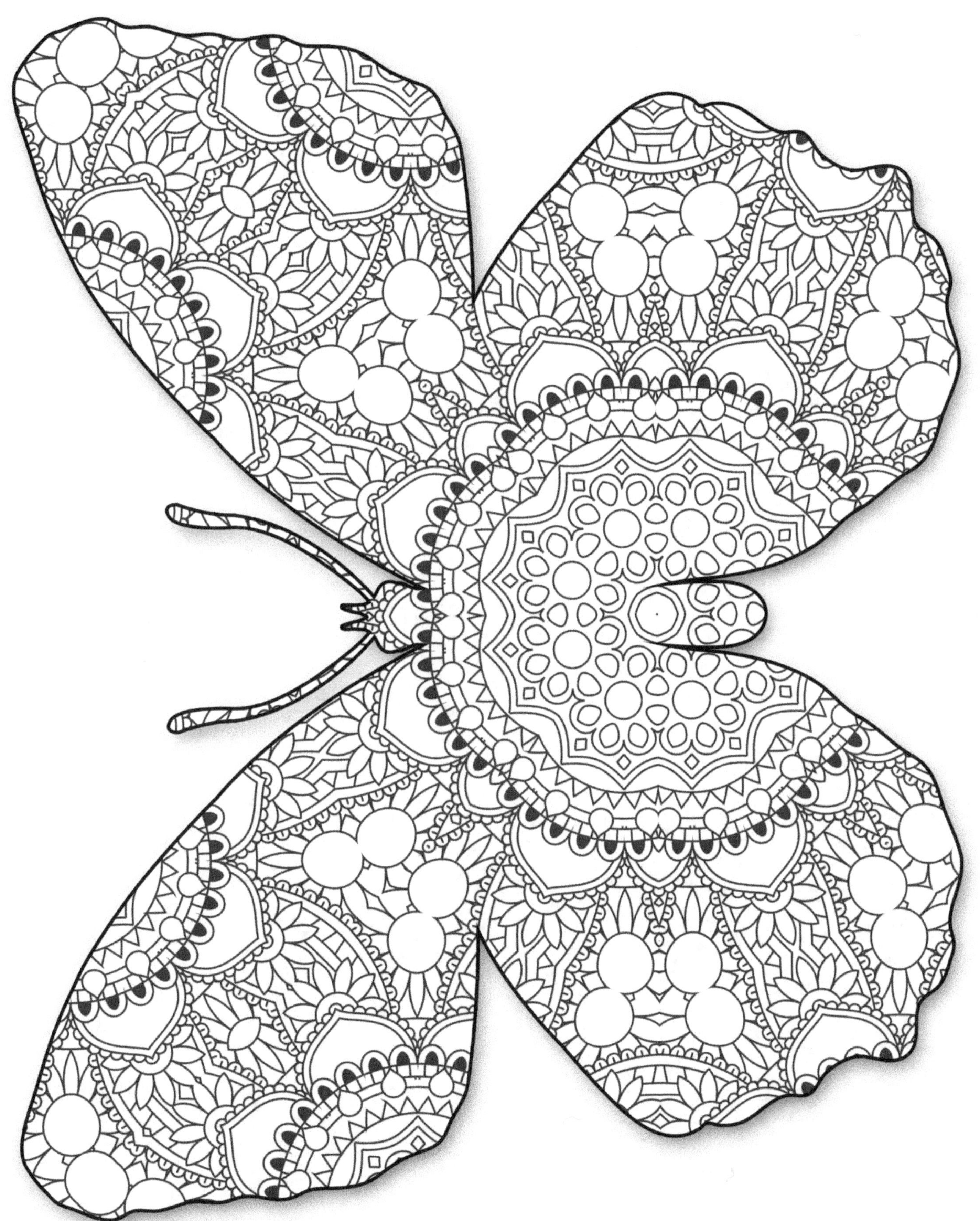

Word Search 19

BIRDS
BOATS
BROOM
CHIRPING
CLEANSE
DANDELION
FIERCE
FRUIT
GAME
JACKET
LEAF
WEST

B	W	T	W	E	S	T	H	J	A	F	Q	Z	E
W	B	Y	E	B	I	R	D	S	A	Z	Z	F	L
R	T	M	D	U	R	A	W	B	P	W	I	V	Y
Q	A	R	R	C	C	H	I	R	P	I	N	G	G
G	Y	F	L	L	A	V	C	O	F	T	Z	H	X
Y	S	I	Z	E	J	Z	E	O	C	S	Z	P	M
O	P	E	K	A	A	I	K	M	V	X	S	M	R
K	S	R	I	N	C	F	N	P	C	X	E	W	T
M	M	C	J	S	K	W	E	Y	B	X	K	U	Q
W	I	E	D	E	E	D	R	O	R	L	H	I	A
M	P	N	G	J	T	M	J	C	E	N	C	W	A
B	D	A	N	D	E	L	I	O	N	F	O	D	M
T	Z	I	R	B	O	A	T	S	B	O	K	E	J
Y	O	F	T	P	K	L	A	T	I	Y	O	P	O

Word Search 20

D	W	D	O	T	A	H	G	I	Q	O	X	M	F
A	P	R	I	L	T	N	V	T	I	T	T	D	B
N	L	L	Q	F	T	S	D	R	F	P	G	V	W
D	P	A	L	K	I	H	E	I	V	Q	T	A	R
E	F	U	M	S	C	O	X	A	F	M	H	O	P
L	R	L	P	B	L	R	Y	L	S	T	L	Q	A
I	R	R	J	P	D	T	X	E	R	O	S	G	U
O	K	Q	Q	Z	Y	S	I	E	C	D	N	A	L
N	E	F	F	O	R	T	T	X	G	T	H	T	A
S	U	X	D	H	D	N	M	P	Z	R	P	D	O
Y	W	R	N	F	I	C	K	Y	E	U	C	G	F
E	L	Q	A	W	O	S	W	D	T	X	Q	O	F
U	X	O	U	F	L	Y	I	B	W	U	F	E	T
J	A	Q	X	U	F	R	S	Q	X	C	S	W	O

APRIL
ATTIC
COLOR
DANDELIONS
EFFORT
LAMB
PUPPY
RIDE
SEASON
SHORTS
TRIAL
WINTER THAW

Word Search 21

```
K J T E J S P R I N G P E Y
N L N R T N E S U G S F A H
Y L G A E T T O G M J T S E
T P E I A R X N P F N F T Q
V R V B E V I Z D I B W E P
T Q O C E H E S A C B O R P
A E N E S E A P V F P E N S
Z O K I E X H P C N T X Z P
C P F L W J L I P Z I E H E
Y X E I M Q O T V Y L X K K
P R A N K S Z B Q E D V P Y
E T C G D A F F O D I L S W
Q F D S V E G E T A B L E S
M E E D B V Q Y L G U V Y O
```

BEE HIVE
CEILINGS
CONCERTS
DAFFODILS
EASTERN
FISHING
HAPPY
PAINT
PRANKS
SPRING
TREATS
VEGETABLES

Word Search 22

BEACH
BONNET
BREAK
BUNNIES
BUNNY
CHEERFUL
LILAC
MOWING
NO SCHOOL
PICNICS
RAIN SHOWER
STADIUM

```
E Z U T M B R E A K S V S C
S B L Q A O B U N N Y G R H
P U B Y N N W V H S K E P E
V G T R N N Y I E B W N P E
G X K K H E F I N O L C D R
G J Z M I T N J H G F P O F
C J A Z V N O S C H O O L U
C P E O U A N T C A I T Q L
N W K B L I L A C D W E M V
N K R A A B E D P I Y K L Y
K Y E R P B H I B I V C R L
P I C N I C S U B V N S L Q
Y G I K B H V M P I U B Z W
Q P P J I S J H C B O J K E
```

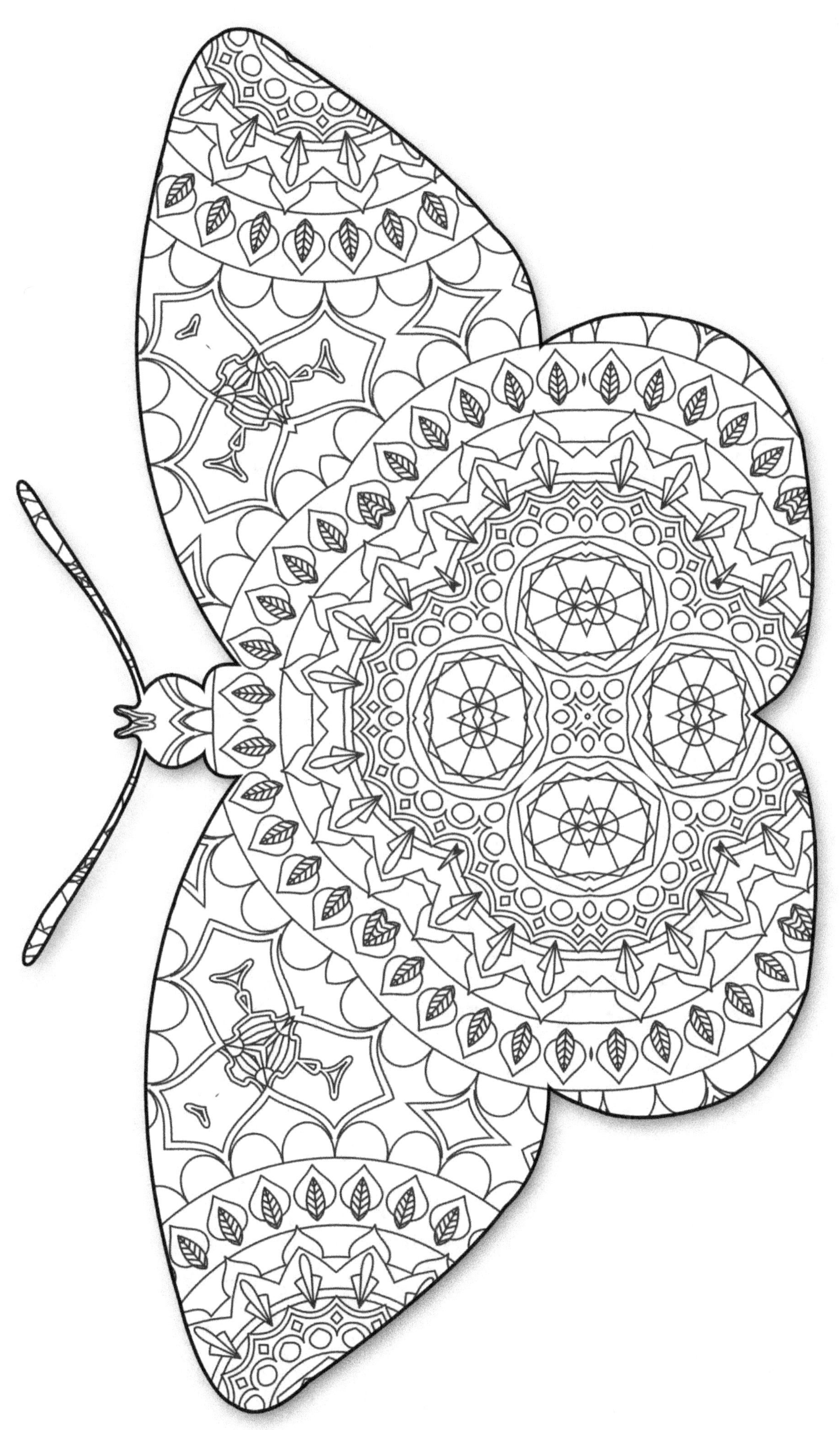

Word Search 23

CANADA
CLEAN
EGGS
GARDENIA
LAWN MOWER
PARK
PEAS
PRIMROSE
RANGER
SHEEP
TIME
WHEEL

```
C Q K N M P G M A M L D Z J
C L E A N R U A V L O D H H
L M P T V I S N R B S Y V S
D J A G N M N V B D F O C H
H Z F F G R P Z U X E J X O
O M X P U O Y A L H N N P L
E G G S V S A T R P X B I I
F T I M E E B W K K H L V A
R M I U T C D S Y J F V M T
A Q X A C L A W N M O W E R
N U G O R E V N D F M H R B
G T O D P W R E A S H E E P
E F L U I Q Q O K D R E C Q
R E G W H D I D H P A L V Q
```

Word Search 24

```
W Y Z Y V V Y E E A G E G S N
Y A Y I M V A A Z N N C N Y
E A R M G R A S S I X G I V
G X U M E O S V D C I Z H A
I Y E B E G U A M H L U X N
E S B R O R E I S A W I N G
E V P D C R O E K M X A B E
A Y T B P I V W J P T C L P
W O E Y Q O S I M I Y G U M
H C H P L K W E F O E Z E Q
K O A G L L Y C A N K A B E
S H O R T S L E E V E S E Q
C I T I Z E N S H I P B L A
U Y H N C R W J R I X U L T
```

BLUEBELL
CHAMPION
CITIZENSHIP
EXERCISE
GLOVES
GRASS
HOT DOGS
READING
SHORT SLEEVES
WARMER
WING
YUMMY

Maze 1

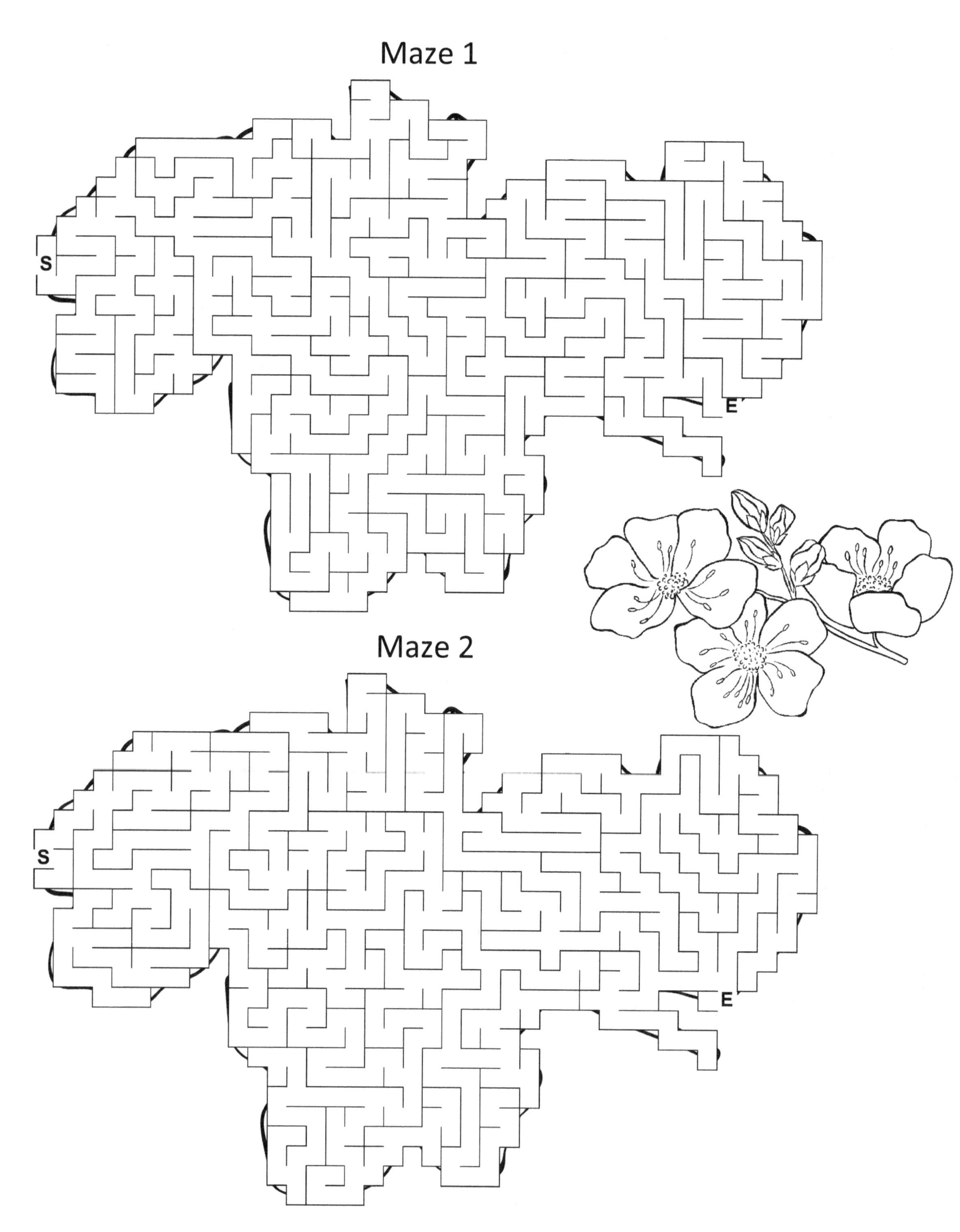

Maze 2

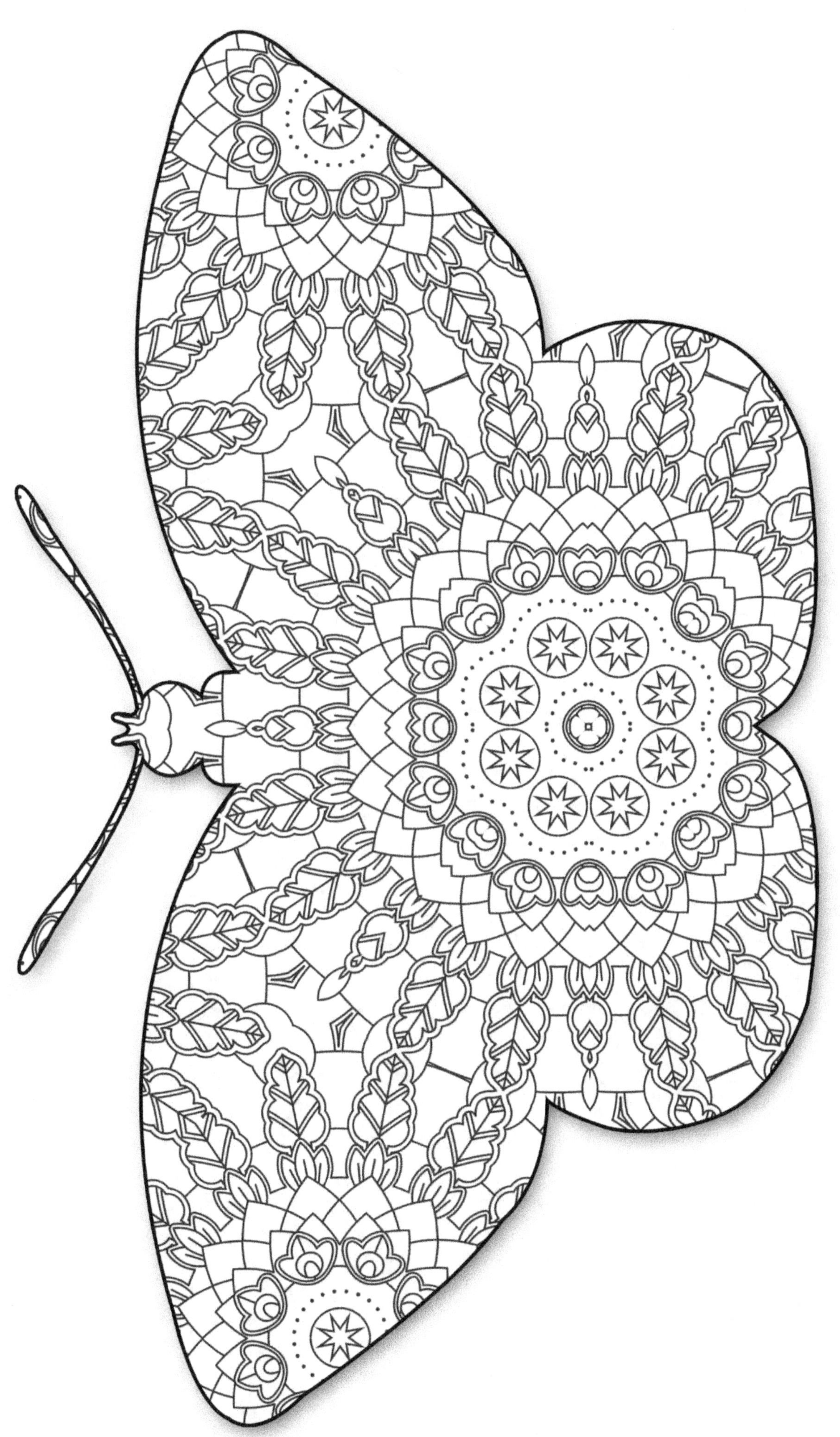

Maze 3

Maze 4

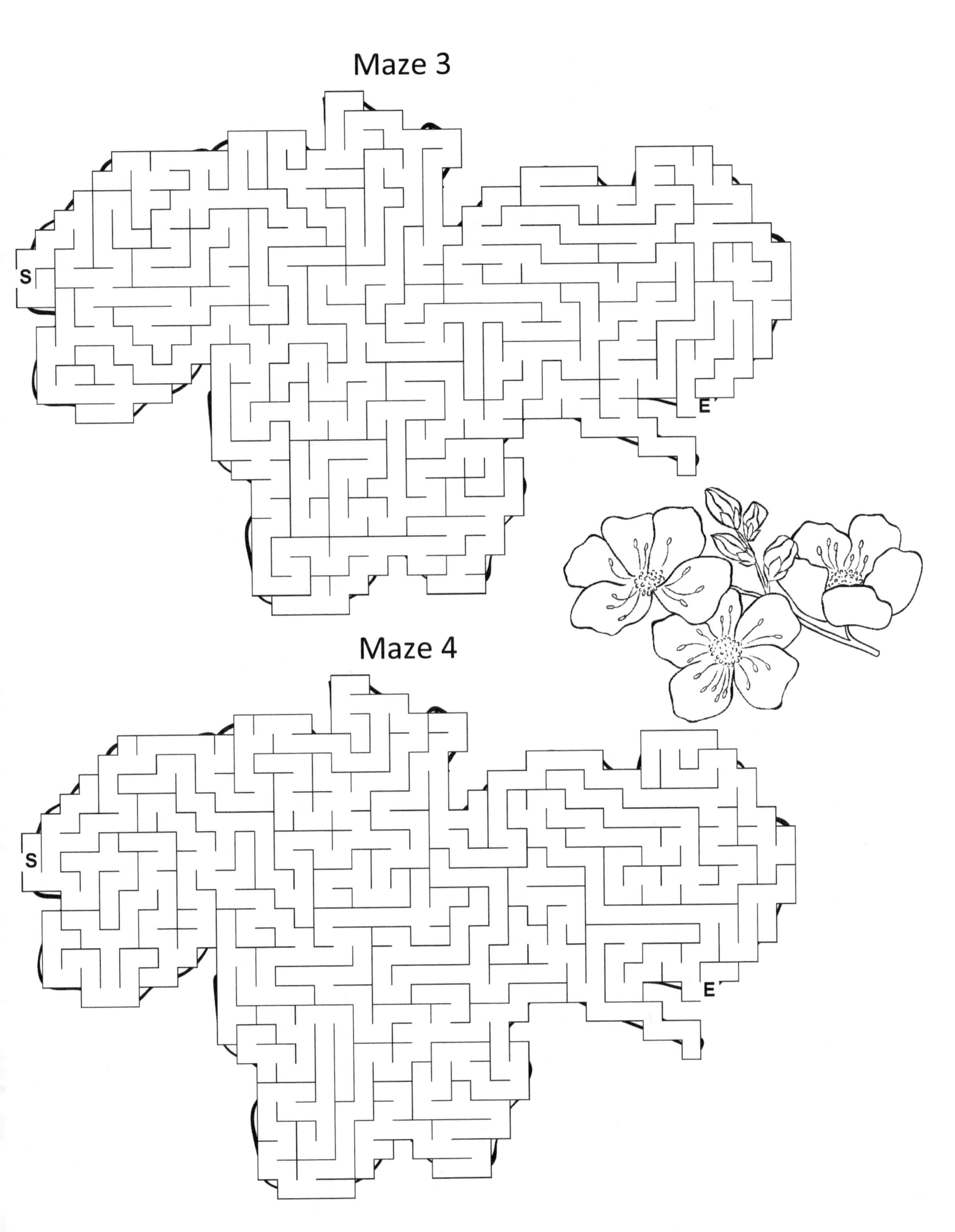

Maze 5

Maze 6

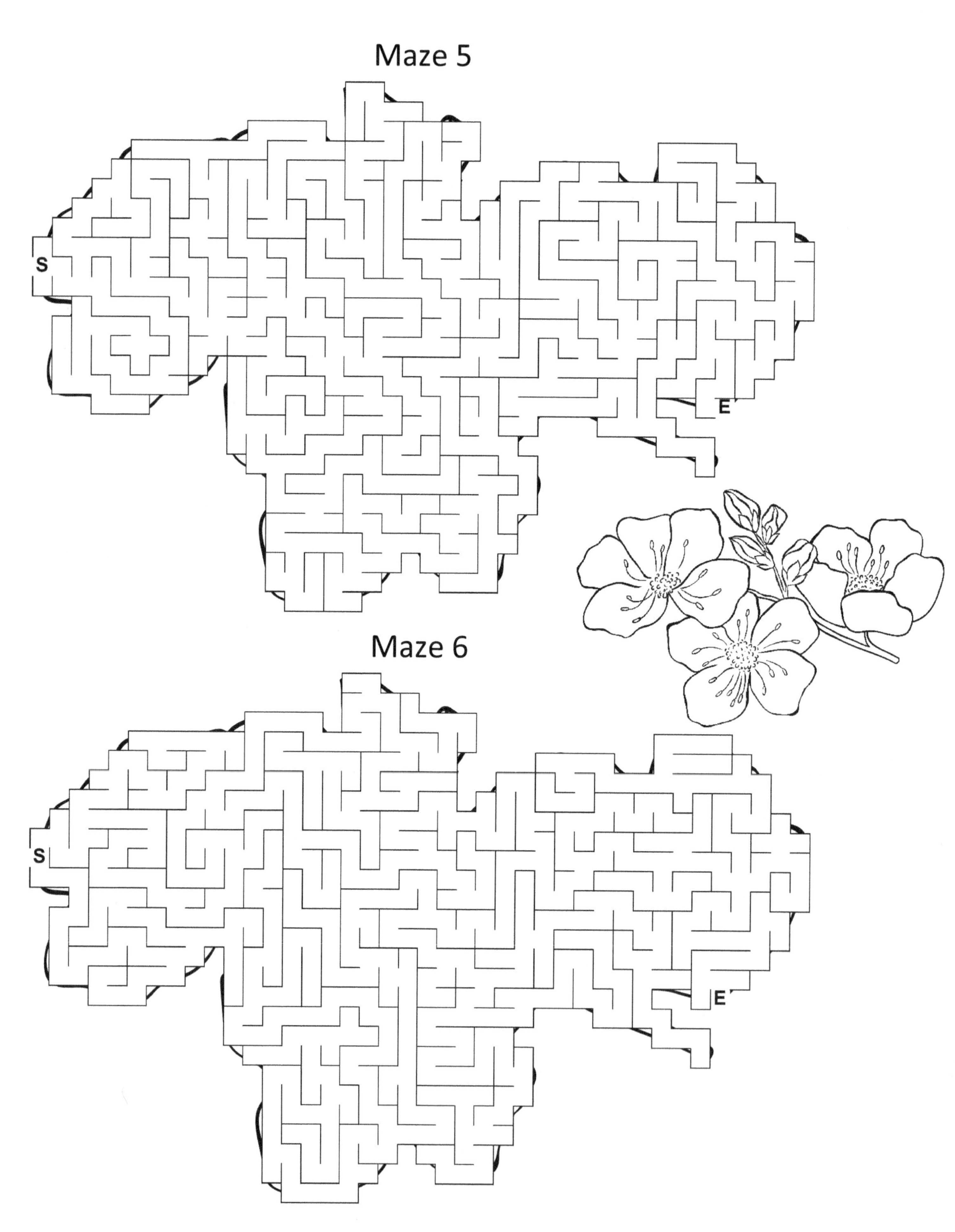

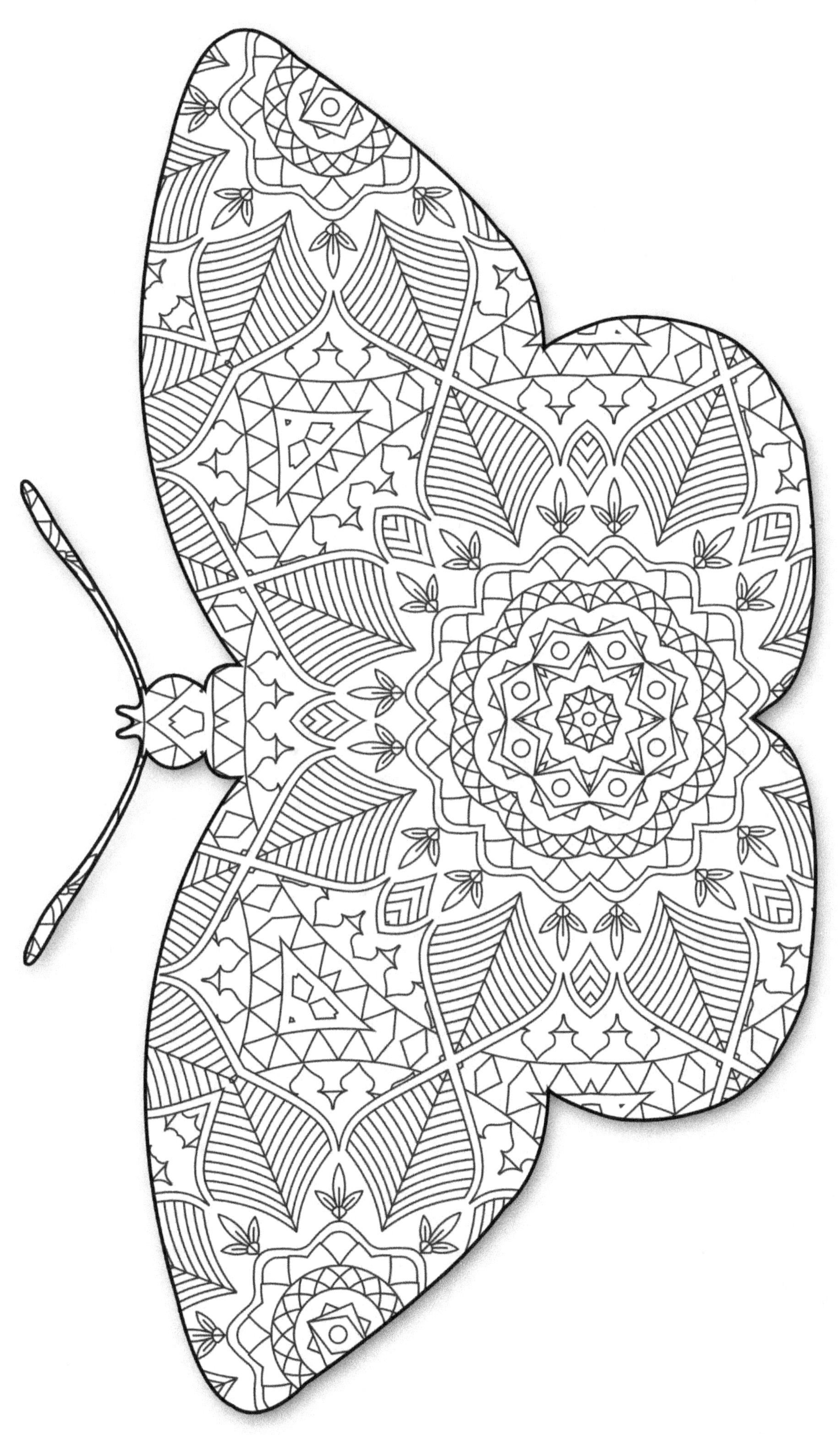

Maze 7

Maze 8

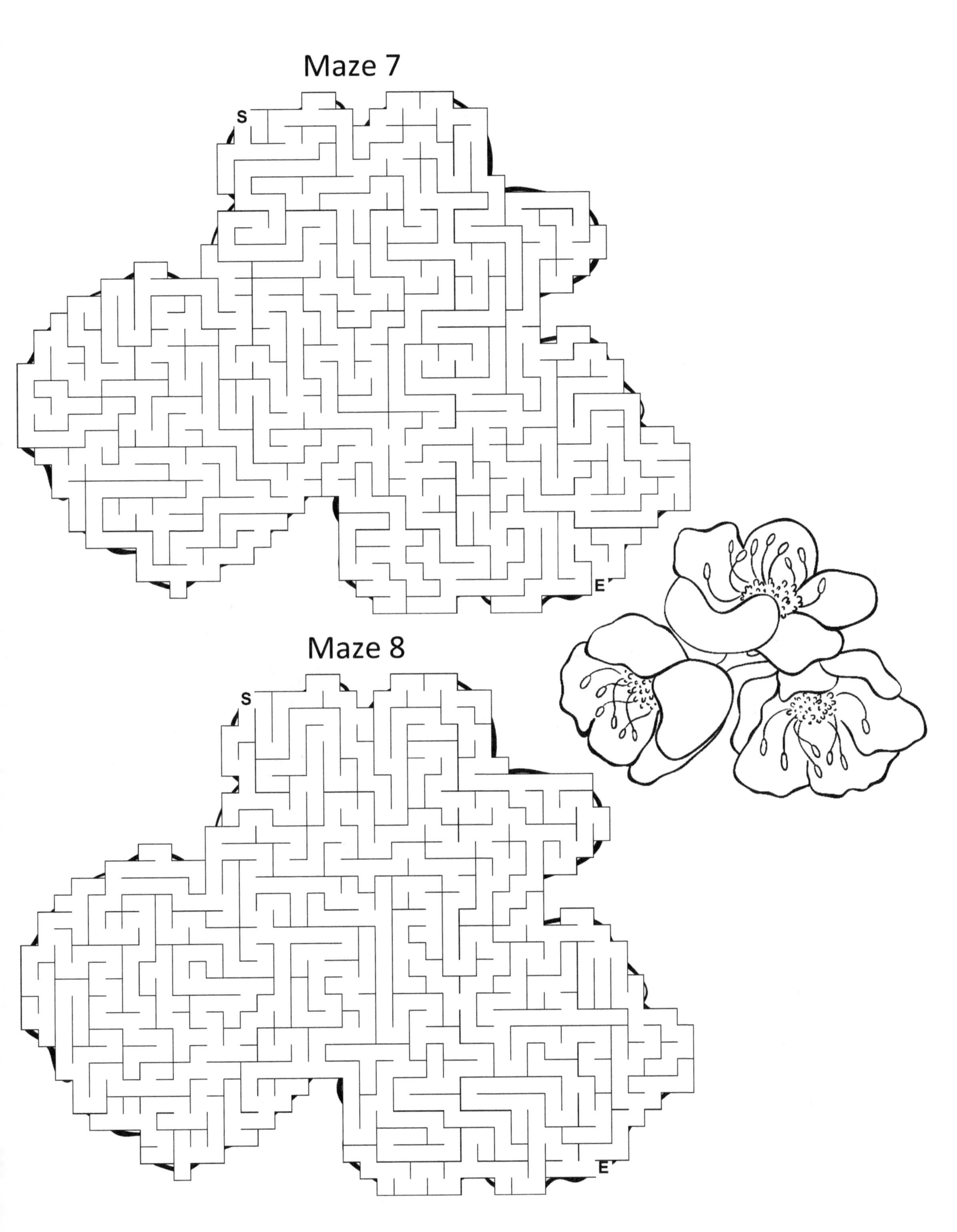

Maze 9

Maze 10

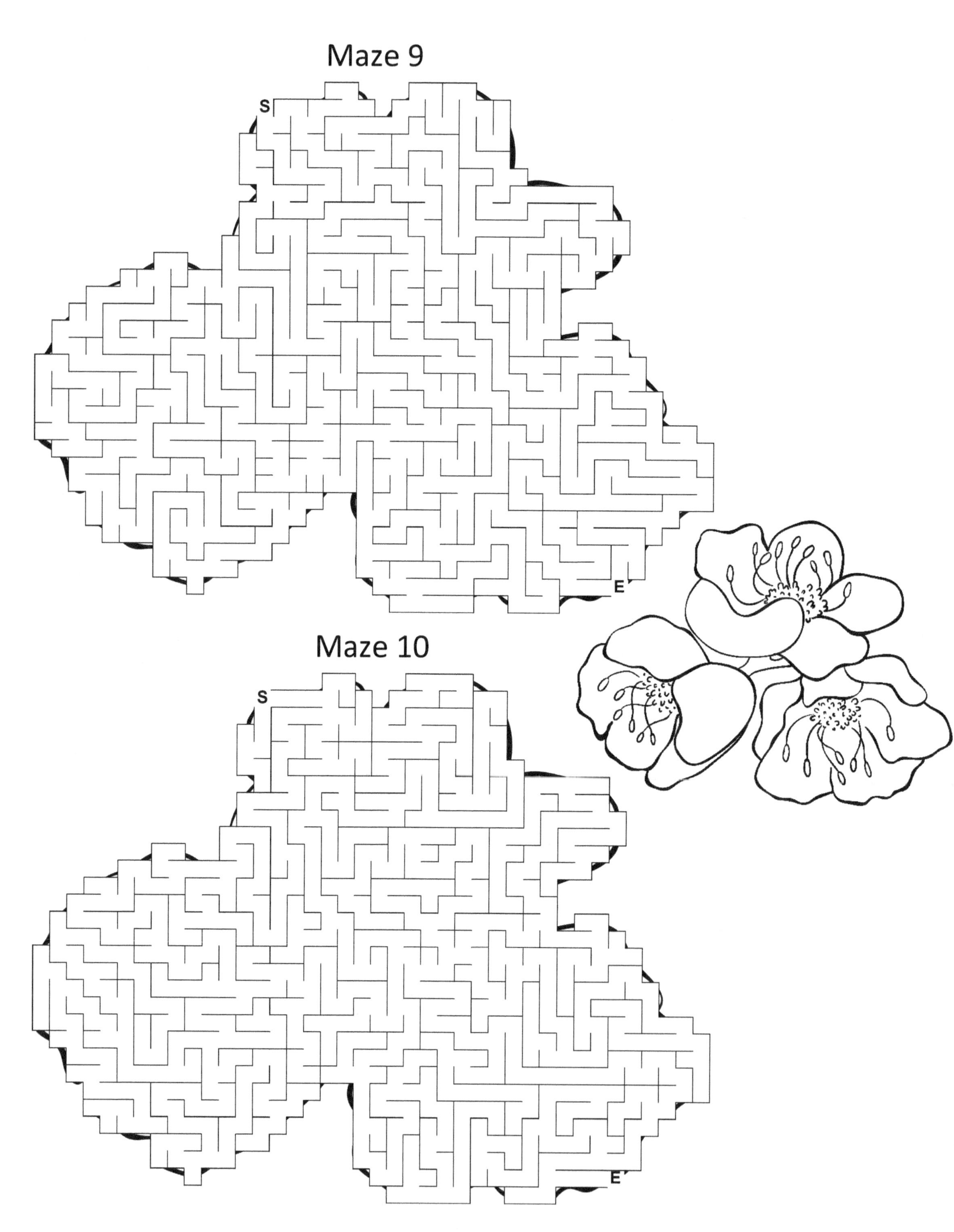

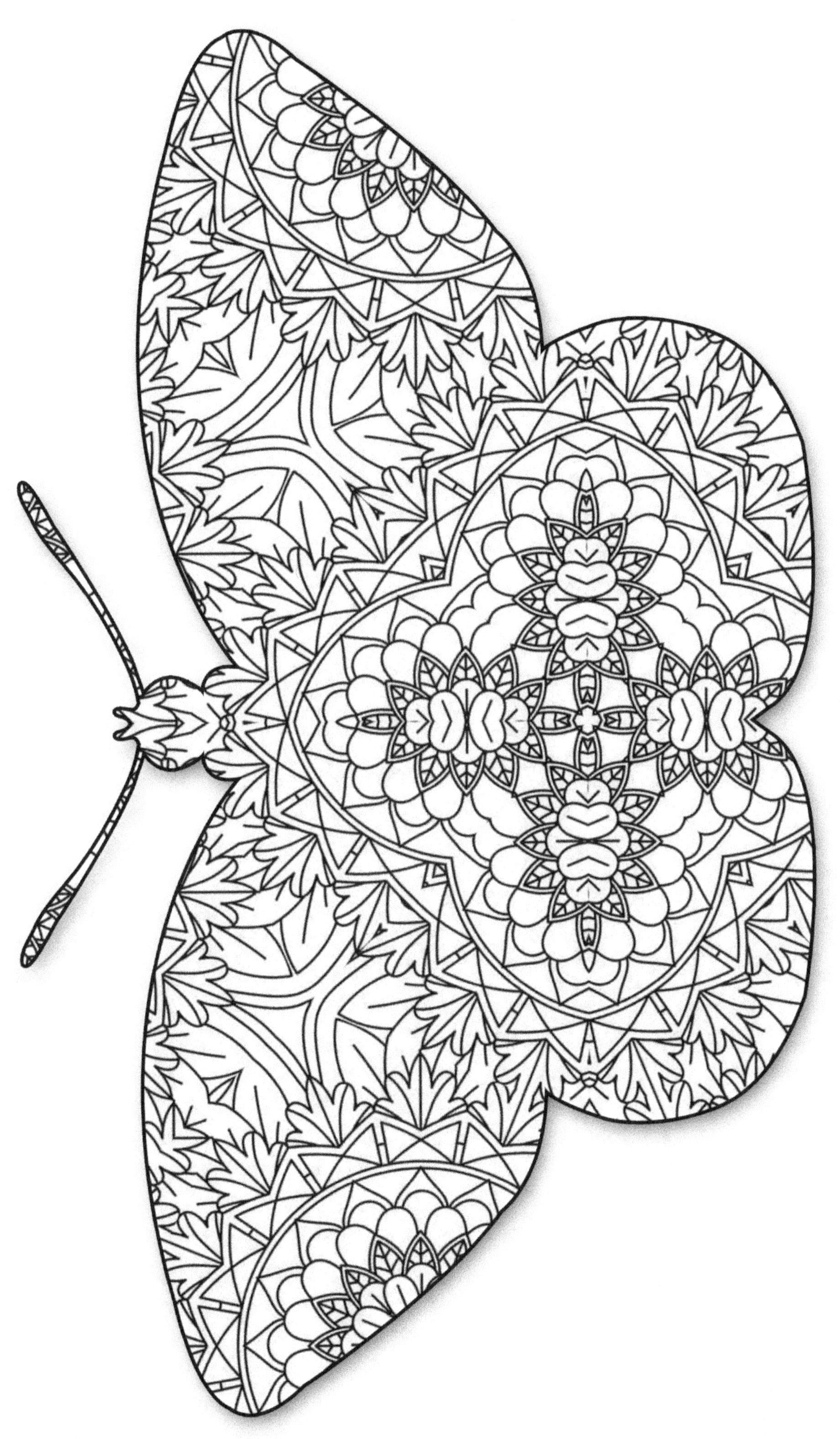

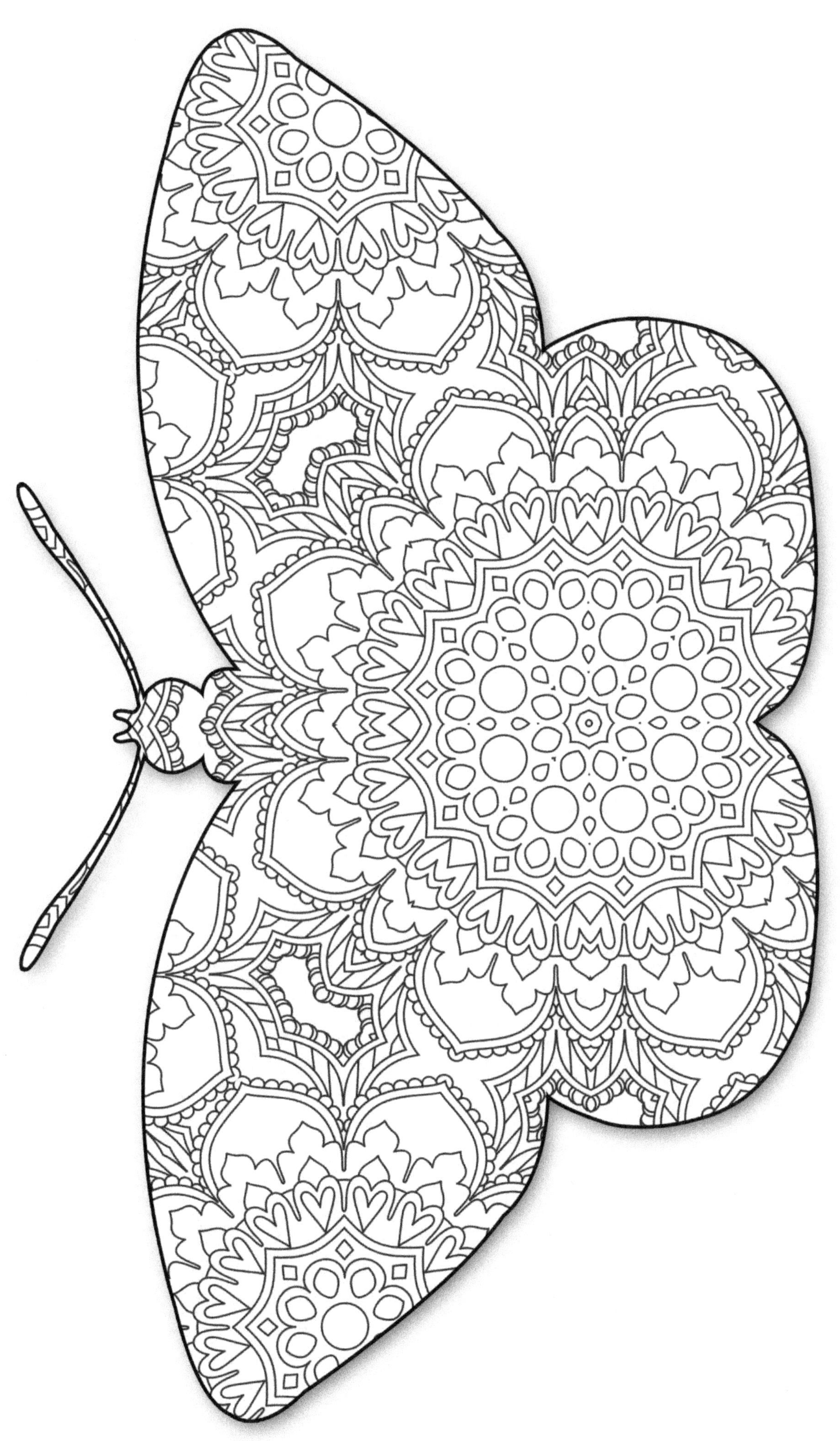

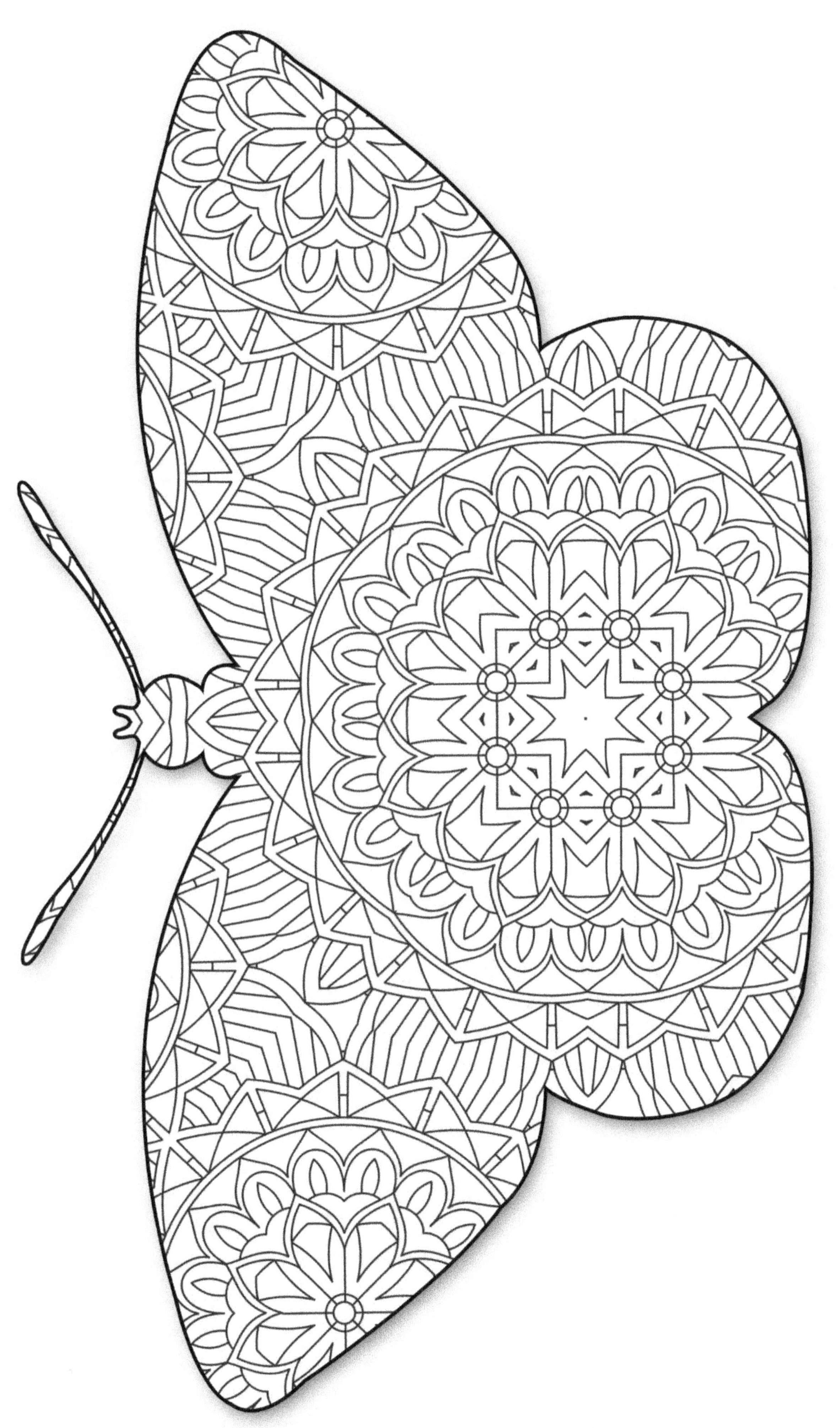

Maze 11

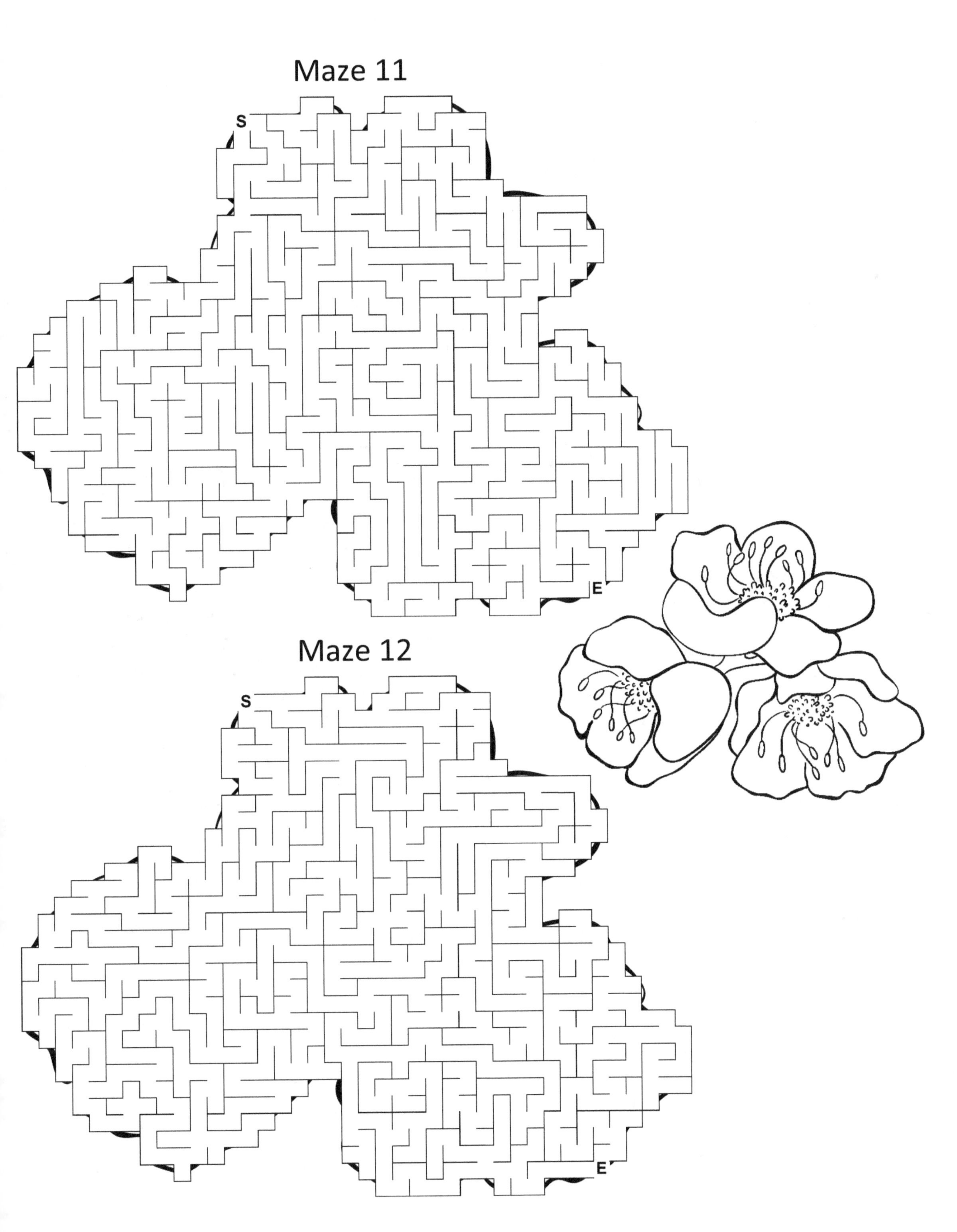

Maze 13

Maze 14

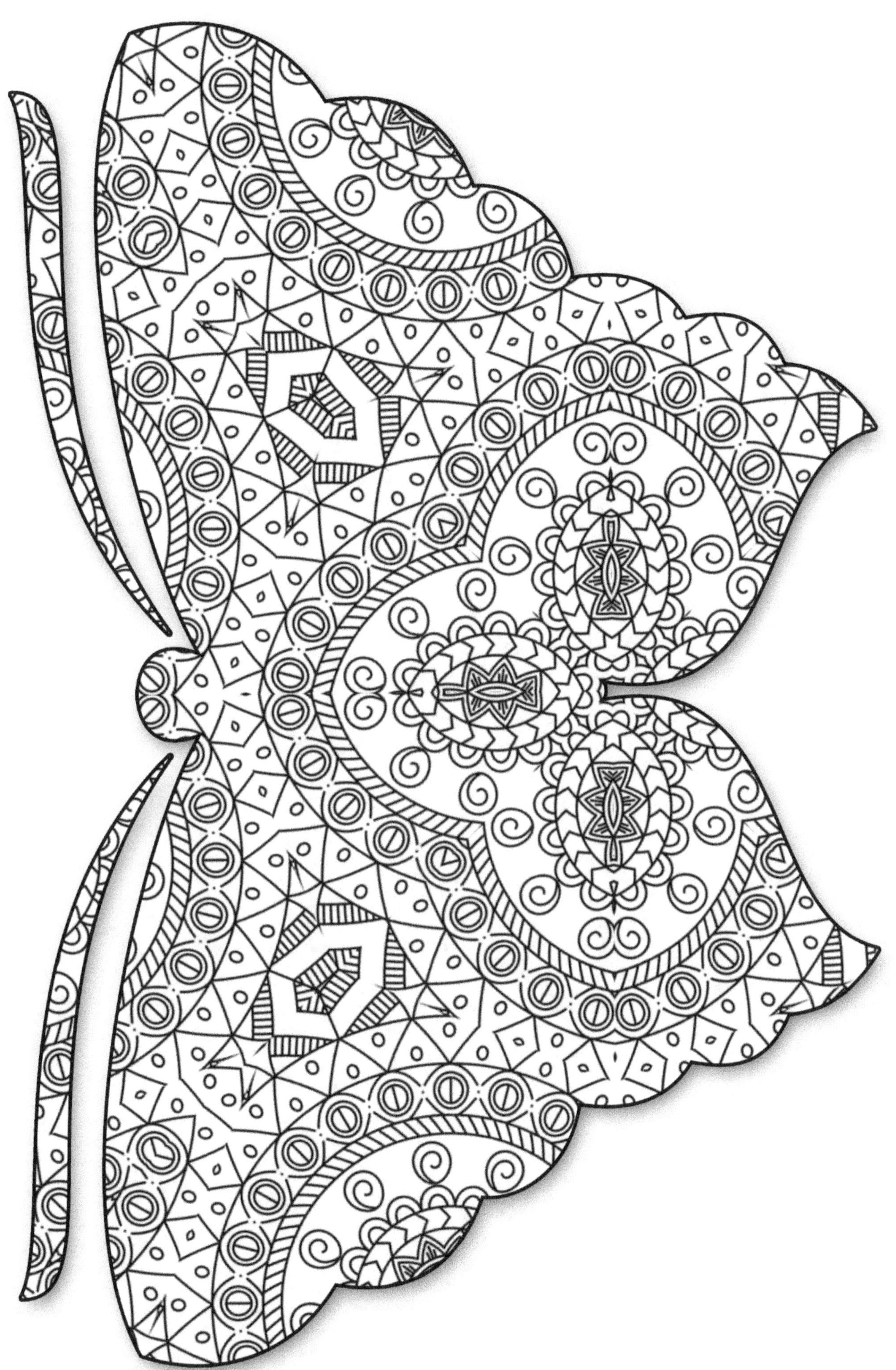

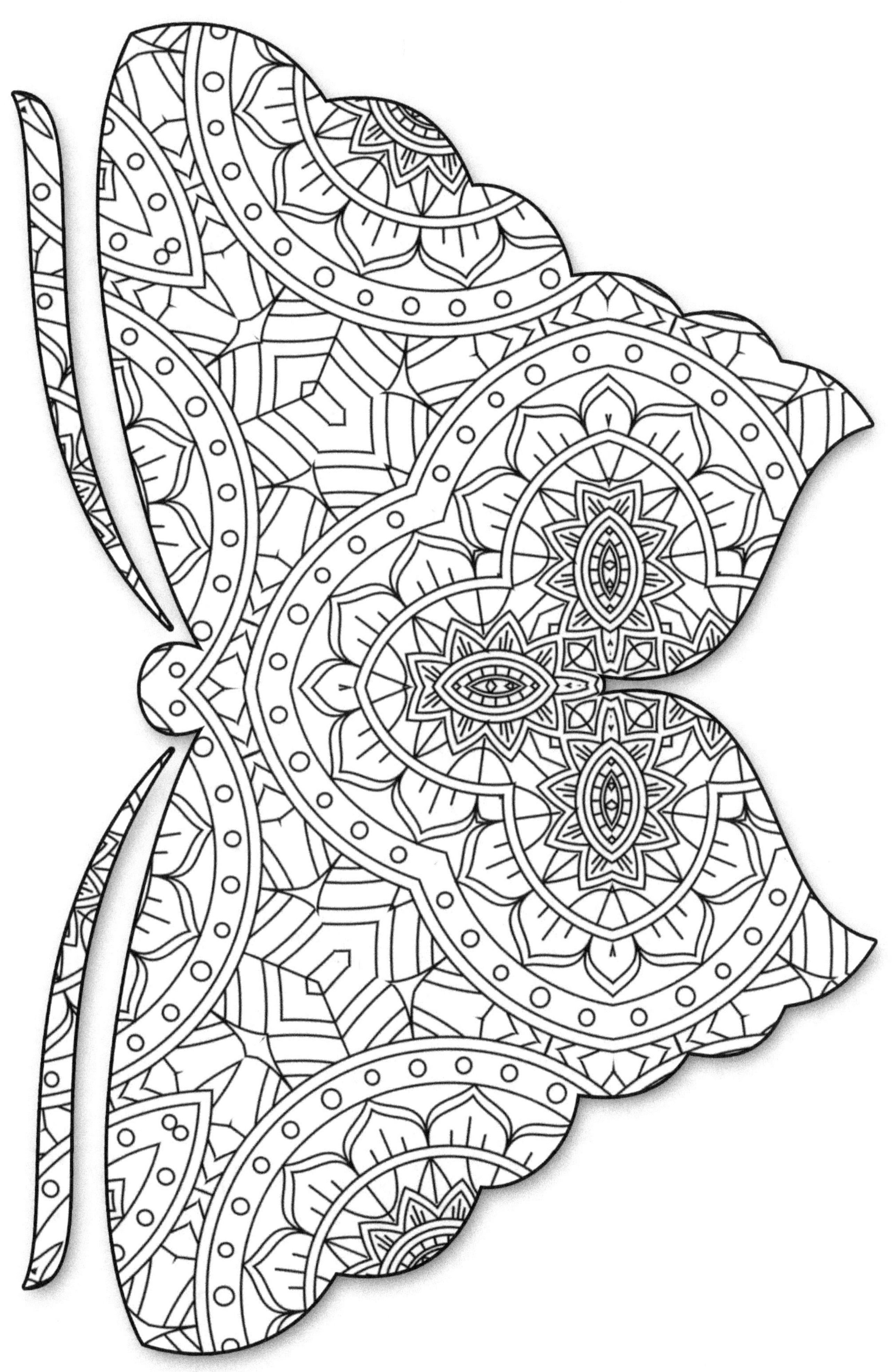

Maze 15

Maze 16

Maze 17

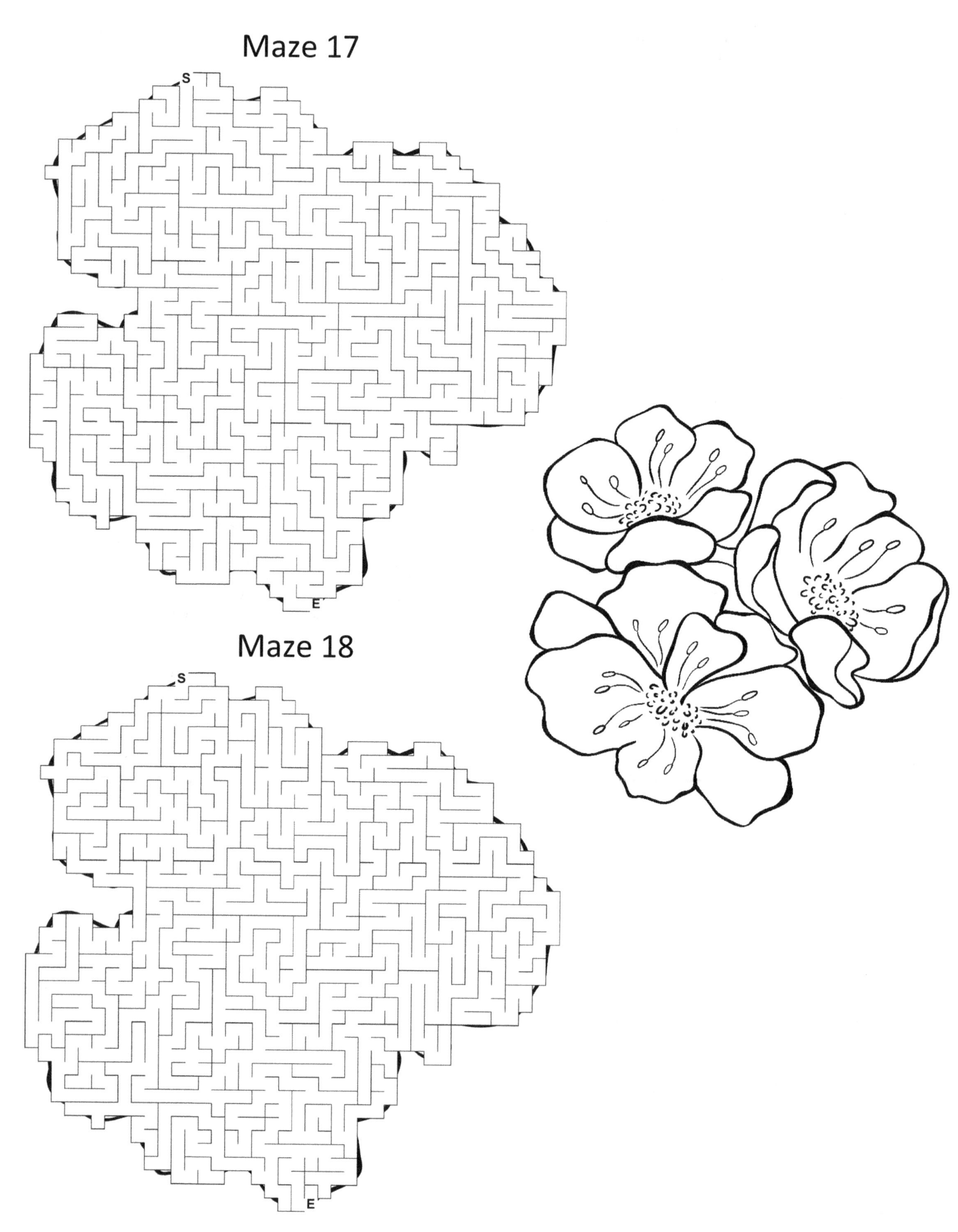

Maze 18

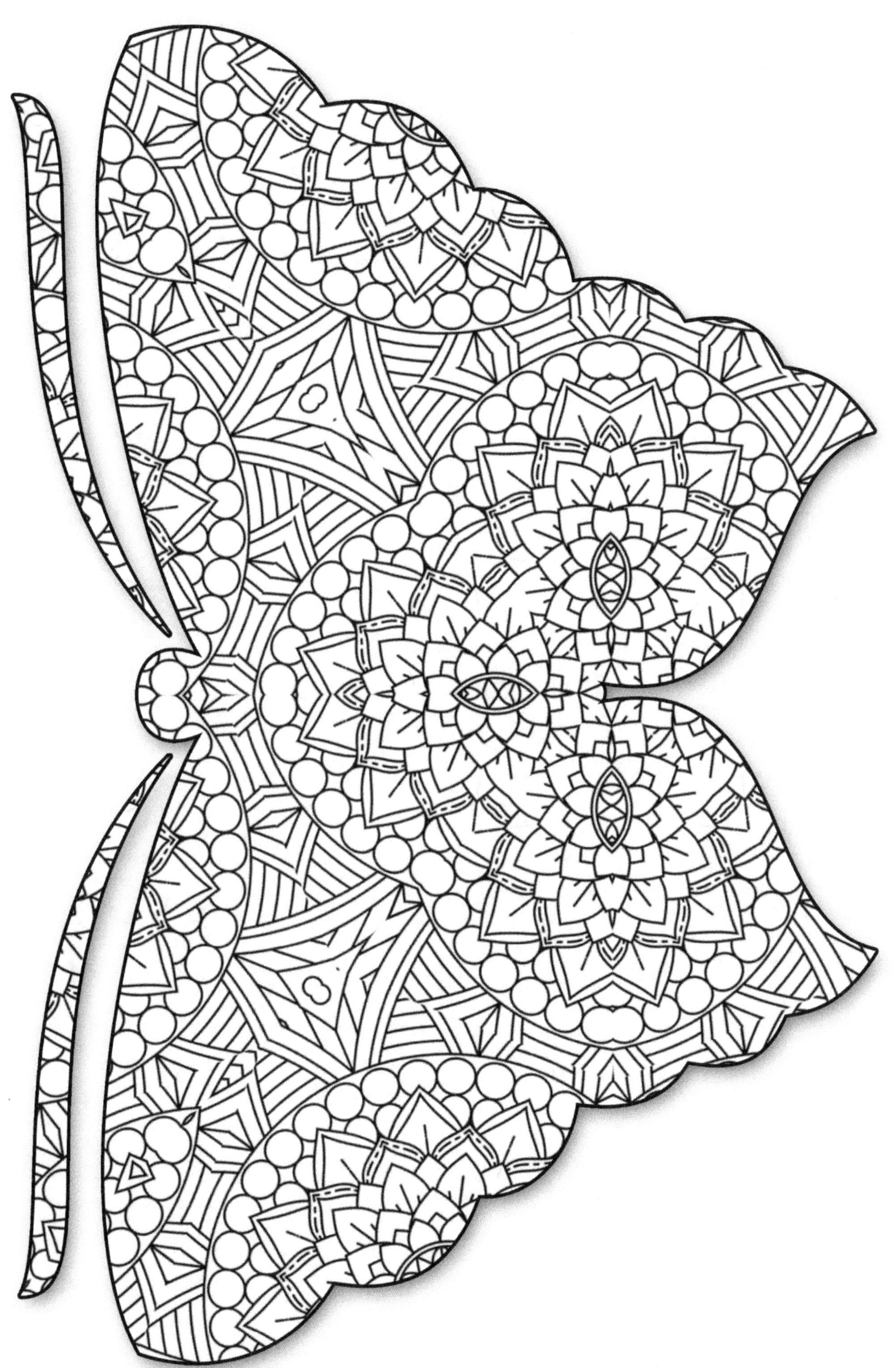

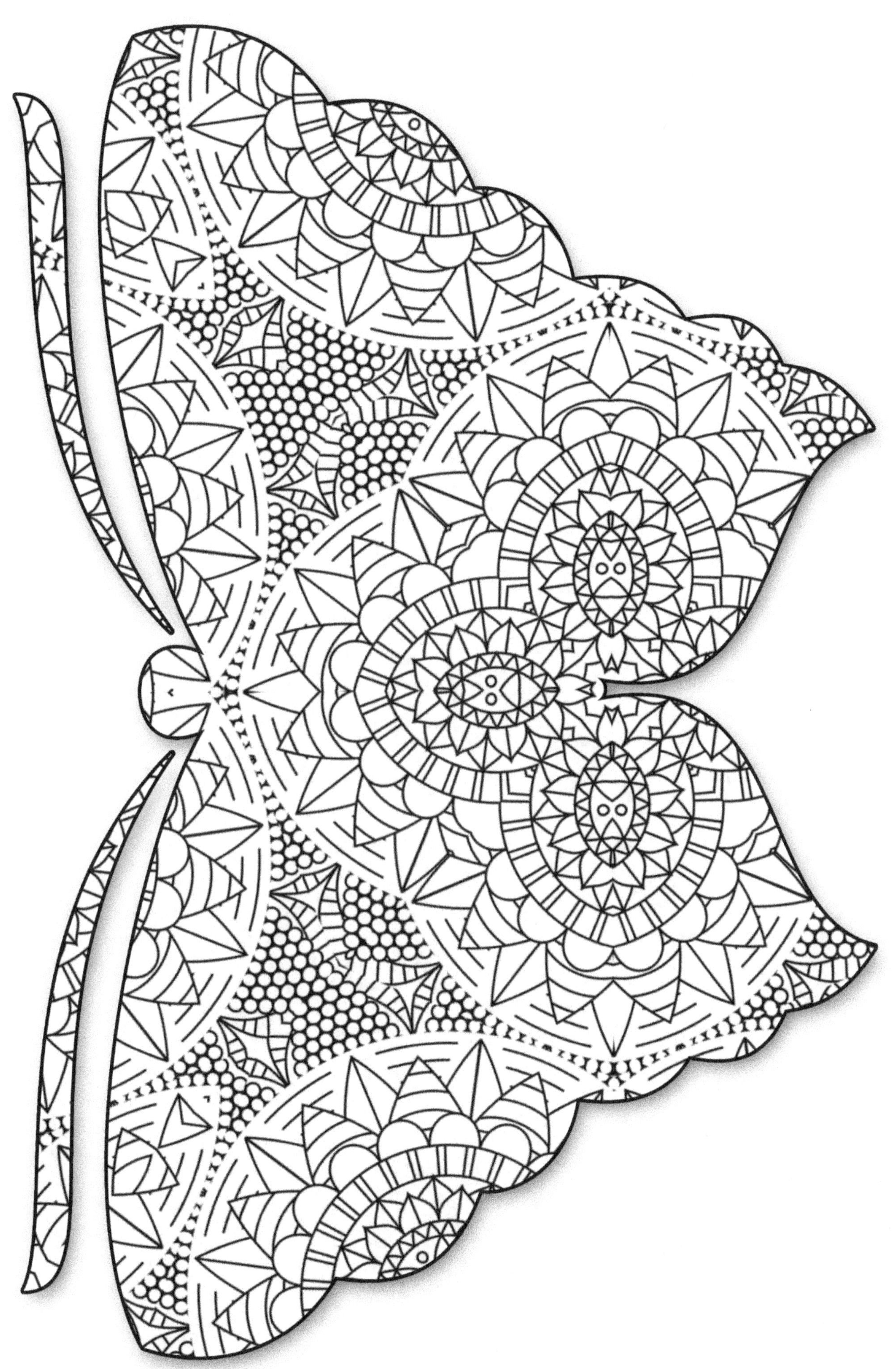

Maze 19

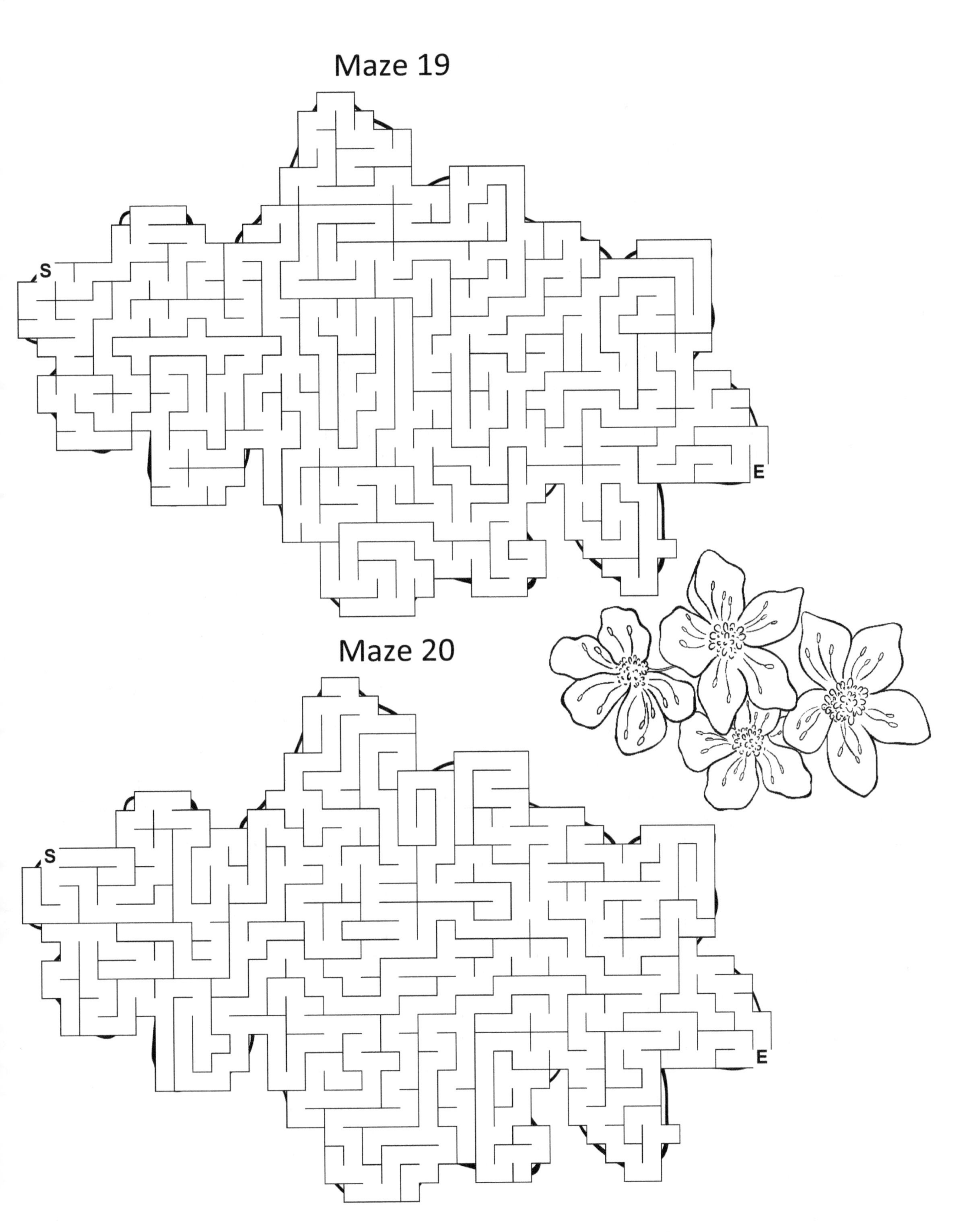

Maze 20

Maze 21

Maze 22

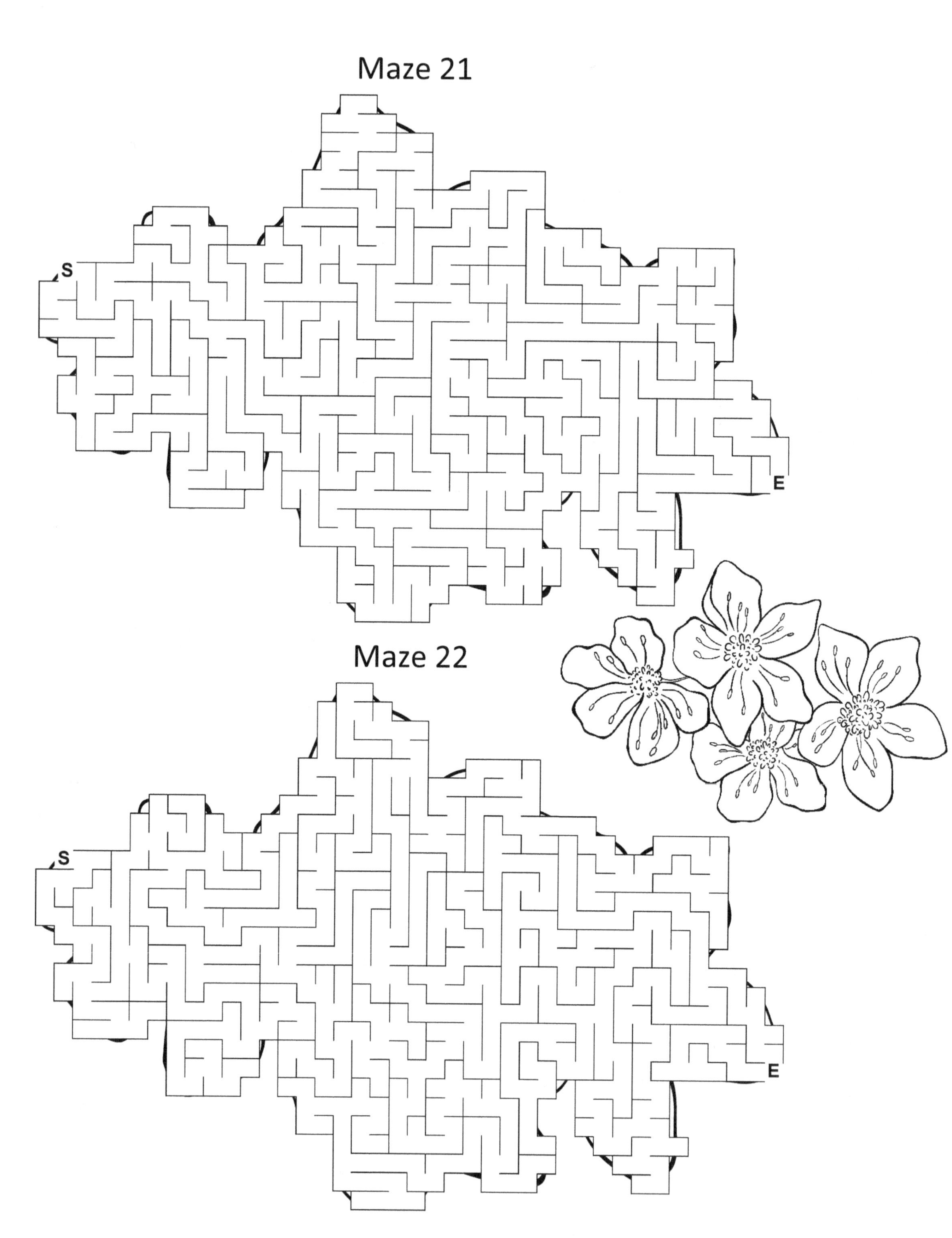

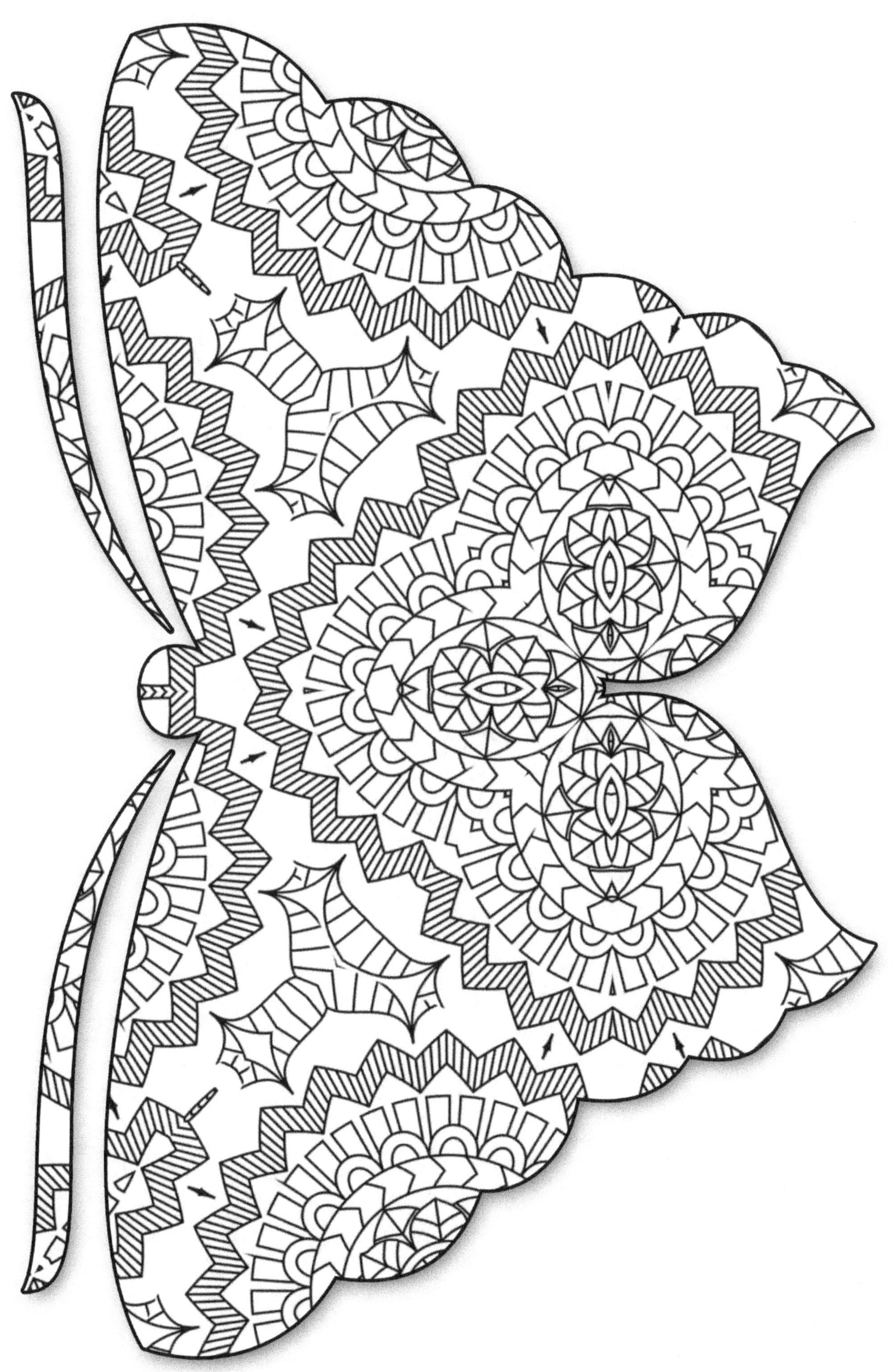

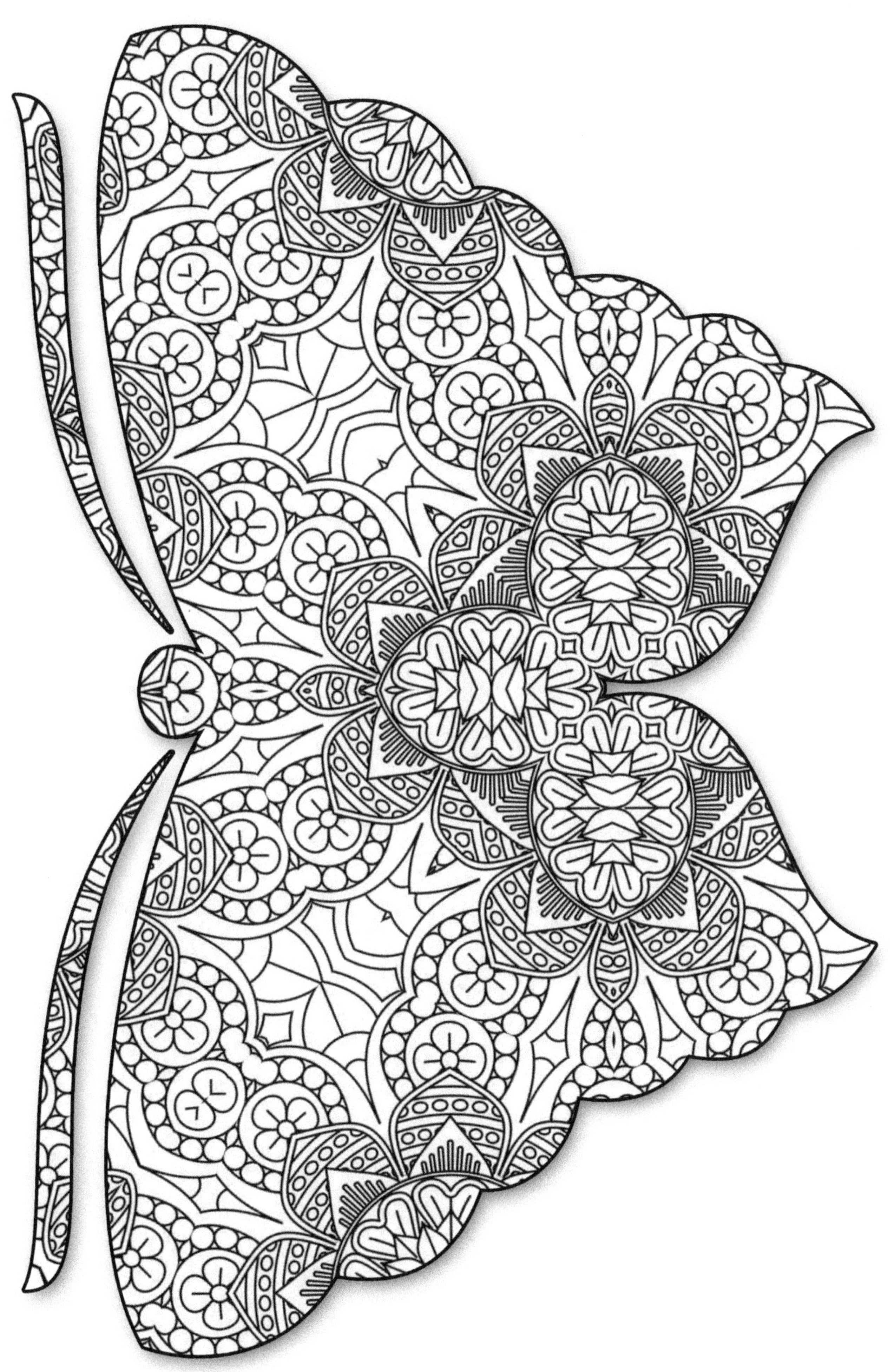

Maze 23

Maze 24

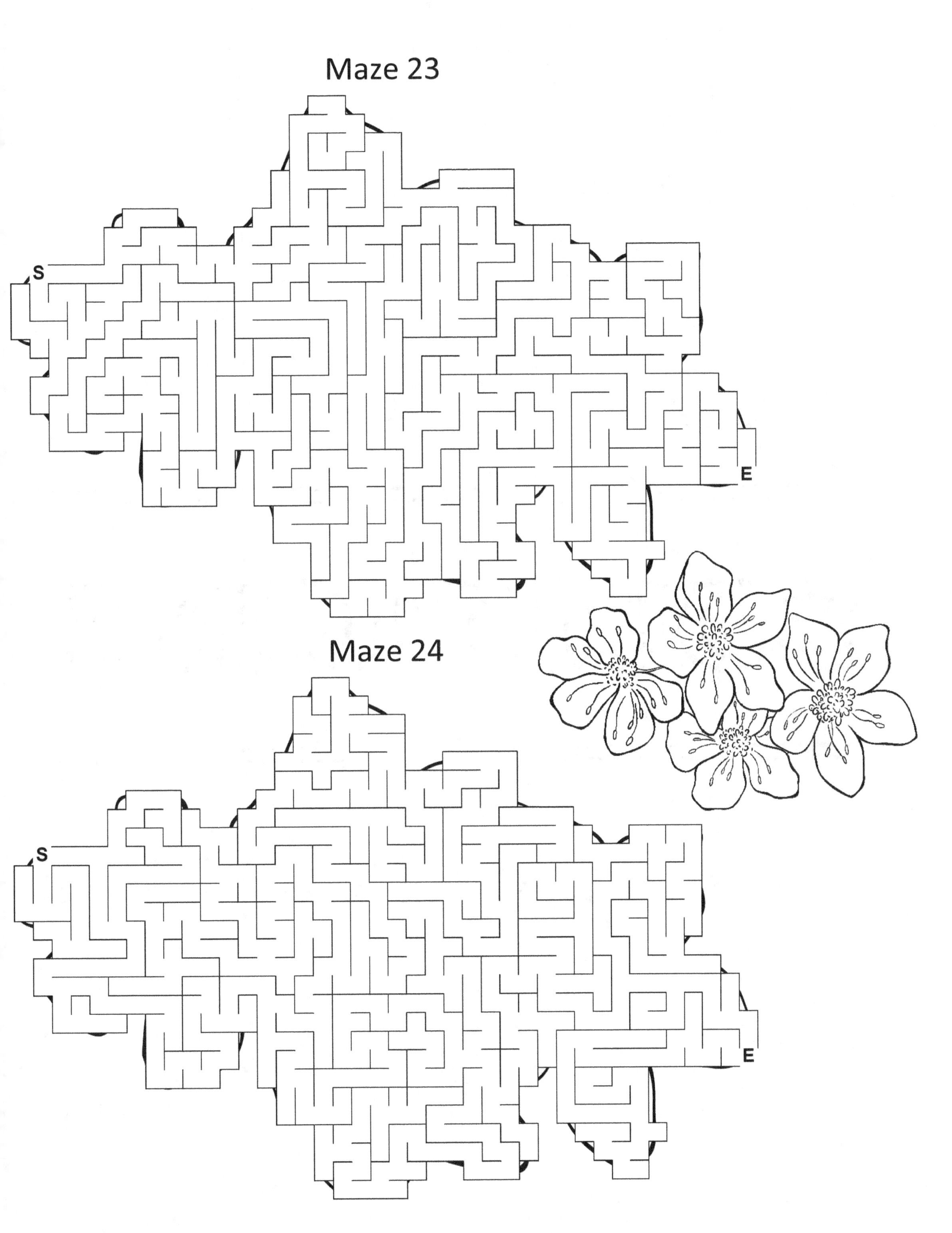

SOLUTIONS

Sudoku 1

7	2	6	1	8	9	3	4	5
5	1	3	2	7	4	6	8	9
9	4	8	5	6	3	2	7	1
2	3	7	9	1	6	8	5	4
8	9	4	7	5	2	1	3	6
1	6	5	3	4	8	7	9	2
4	5	1	8	2	7	9	6	3
3	7	2	6	9	5	4	1	8
6	8	9	4	3	1	5	2	7

Sudoku 2

6	3	9	4	7	5	8	2	1
4	7	5	8	2	1	3	9	6
8	1	2	9	6	3	7	4	5
7	8	4	2	1	6	9	5	3
5	9	6	3	4	7	2	1	8
1	2	3	5	8	9	6	7	4
3	5	1	6	9	2	4	8	7
2	6	8	7	5	4	1	3	9
9	4	7	1	3	8	5	6	2

Sudoku 3

7	8	4	3	5	9	1	6	2
1	5	2	6	7	4	8	3	9
3	6	9	1	8	2	5	7	4
4	1	8	7	2	5	3	9	6
6	2	3	8	9	1	7	4	5
5	9	7	4	6	3	2	1	8
9	3	5	2	1	6	4	8	7
8	4	6	5	3	7	9	2	1
2	7	1	9	4	8	6	5	3

Sudoku 4

6	5	3	4	9	2	8	7	1
8	9	2	5	7	1	4	3	6
1	7	4	8	3	6	9	5	2
5	4	9	3	6	7	1	2	8
3	8	7	2	1	4	5	6	9
2	1	6	9	8	5	7	4	3
4	6	5	1	2	8	3	9	7
9	2	1	7	4	3	6	8	5
7	3	8	6	5	9	2	1	4

Sudoku 5

5	8	7	3	6	4	2	9	1
6	9	2	7	1	5	8	4	3
3	4	1	9	2	8	5	6	7
2	7	9	4	3	6	1	5	8
8	1	3	2	5	9	4	7	6
4	6	5	1	8	7	9	3	2
9	2	4	6	7	1	3	8	5
7	3	8	5	9	2	6	1	4
1	5	6	8	4	3	7	2	9

Sudoku 6

6	8	9	1	5	2	4	7	3
1	7	2	4	6	3	8	5	9
5	4	3	7	8	9	1	6	2
4	3	7	8	2	6	9	1	5
8	9	6	5	3	1	7	2	4
2	1	5	9	7	4	6	3	8
9	5	8	2	1	7	3	4	6
3	2	1	6	4	8	5	9	7
7	6	4	3	9	5	2	8	1

Sudoku 7

8	7	2	1	9	3	6	5	4
1	4	3	8	5	6	7	9	2
6	9	5	4	7	2	1	8	3
7	1	9	2	6	8	3	4	5
3	6	8	5	4	9	2	7	1
2	5	4	3	1	7	9	6	8
9	8	1	7	3	4	5	2	6
5	2	7	6	8	1	4	3	9
4	3	6	9	2	5	8	1	7

Sudoku 8

5	9	7	2	4	3	6	1	8
3	4	6	1	8	5	9	7	2
2	1	8	9	7	6	4	3	5
9	3	2	8	1	7	5	4	6
1	7	5	6	9	4	2	8	3
6	8	4	5	3	2	7	9	1
8	5	1	7	6	9	3	2	4
4	6	9	3	2	8	1	5	7
7	2	3	4	5	1	8	6	9

Sudoku 9

1	7	4	3	8	5	6	9	2
8	2	6	7	9	4	3	1	5
3	9	5	6	2	1	8	7	4
7	5	1	2	4	6	9	8	3
6	8	3	1	5	9	2	4	7
9	4	2	8	3	7	1	5	6
2	1	9	4	7	3	5	6	8
5	3	7	9	6	8	4	2	1
4	6	8	5	1	2	7	3	9

Sudoku 10

5	6	9	4	8	1	7	2	3
2	1	8	9	7	3	4	6	5
4	7	3	5	6	2	8	9	1
6	8	5	2	3	7	1	4	9
7	3	4	1	9	8	2	5	6
9	2	1	6	5	4	3	8	7
1	9	7	8	2	6	5	3	4
8	4	6	3	1	5	9	7	2
3	5	2	7	4	9	6	1	8

Sudoku 11

9	2	5	6	1	3	8	4	7
3	4	7	8	5	2	9	1	6
8	1	6	9	4	7	5	2	3
5	3	2	1	7	4	6	8	9
1	6	8	3	2	9	4	7	5
4	7	9	5	6	8	2	3	1
6	8	1	4	3	5	7	9	2
7	9	3	2	8	6	1	5	4
2	5	4	7	9	1	3	6	8

Sudoku 12

6	9	5	7	8	3	2	1	4
3	7	1	4	6	2	5	9	8
8	2	4	5	9	1	3	6	7
7	4	2	3	1	5	9	8	6
1	5	6	9	4	8	7	2	3
9	3	8	2	7	6	4	5	1
5	8	9	6	3	7	1	4	2
2	6	7	1	5	4	8	3	9
4	1	3	8	2	9	6	7	5

Sudoku 13

6	7	8	2	4	5	1	3	9
5	1	3	7	6	9	4	2	8
4	9	2	1	8	3	6	7	5
8	4	5	3	1	2	7	9	6
1	6	7	5	9	4	3	8	2
2	3	9	8	7	6	5	4	1
3	5	4	9	2	1	8	6	7
7	2	1	6	3	8	9	5	4
9	8	6	4	5	7	2	1	3

Sudoku 14

1	4	2	7	6	9	8	5	3
5	9	8	2	4	3	7	1	6
7	6	3	8	1	5	4	9	2
2	7	4	9	5	6	3	8	1
8	3	9	4	2	1	6	7	5
6	1	5	3	8	7	2	4	9
4	8	6	1	9	2	5	3	7
9	5	7	6	3	8	1	2	4
3	2	1	5	7	4	9	6	8

Sudoku 15

4	5	9	7	8	6	1	2	3
6	8	1	5	2	3	9	7	4
7	2	3	9	1	4	5	6	8
3	9	5	4	7	2	6	8	1
2	4	8	6	5	1	7	3	9
1	6	7	8	3	9	2	4	5
5	7	4	1	6	8	3	9	2
8	3	6	2	9	5	4	1	7
9	1	2	3	4	7	8	5	6

Sudoku 16

3	2	9	4	5	6	8	7	1
4	7	8	3	1	2	6	9	5
1	5	6	8	9	7	3	4	2
9	6	1	5	7	4	2	3	8
2	4	3	6	8	1	7	5	9
7	8	5	9	2	3	1	6	4
8	3	7	2	4	9	5	1	6
6	9	2	1	3	5	4	8	7
5	1	4	7	6	8	9	2	3

Sudoku 17

2	9	8	4	5	6	1	3	7
6	5	4	1	3	7	8	9	2
1	7	3	8	9	2	4	6	5
3	4	1	9	7	5	2	8	6
8	2	9	3	6	1	7	5	4
5	6	7	2	8	4	3	1	9
7	3	2	5	1	9	6	4	8
9	8	6	7	4	3	5	2	1
4	1	5	6	2	8	9	7	3

Sudoku 18

6	8	1	9	7	4	5	2	3
4	5	9	1	2	3	7	8	6
7	2	3	5	6	8	9	1	4
9	1	2	8	5	6	3	4	7
8	3	6	4	1	7	2	9	5
5	7	4	3	9	2	1	6	8
1	6	7	2	4	5	8	3	9
2	4	8	7	3	9	6	5	1
3	9	5	6	8	1	4	7	2

Sudoku 19

7	9	6	5	8	1	2	4	3
8	5	2	6	3	4	9	7	1
3	1	4	2	7	9	5	8	6
9	2	7	1	5	3	8	6	4
1	4	3	8	2	6	7	9	5
6	8	5	9	4	7	3	1	2
4	3	8	7	1	5	6	2	9
5	7	9	4	6	2	1	3	8
2	6	1	3	9	8	4	5	7

Sudoku 20

3	8	6	7	2	1	4	9	5
1	5	9	3	4	8	6	7	2
2	4	7	5	9	6	1	3	8
5	9	2	1	6	7	8	4	3
4	3	8	9	5	2	7	1	6
7	6	1	8	3	4	2	5	9
6	2	5	4	1	3	9	8	7
9	7	4	2	8	5	3	6	1
8	1	3	6	7	9	5	2	4

Sudoku 21

8	6	5	9	1	4	3	2	7
4	7	9	5	2	3	1	8	6
3	2	1	7	8	6	9	5	4
6	5	8	3	4	7	2	1	9
2	9	3	1	6	8	4	7	5
7	1	4	2	9	5	6	3	8
5	4	2	8	3	9	7	6	1
9	3	7	6	5	1	8	4	2
1	8	6	4	7	2	5	9	3

Sudoku 22

7	6	1	5	9	2	8	4	3
2	5	9	4	3	8	7	1	6
4	3	8	7	6	1	2	5	9
9	7	6	8	1	3	5	2	4
5	8	2	9	7	4	3	6	1
3	1	4	6	2	5	9	8	7
1	2	7	3	8	6	4	9	5
8	4	3	1	5	9	6	7	2
6	9	5	2	4	7	1	3	8

Sudoku 23

1	6	8	3	7	4	2	9	5
3	2	7	9	1	5	6	4	8
4	9	5	8	2	6	7	1	3
2	4	3	5	9	7	8	6	1
7	5	1	6	8	2	9	3	4
9	8	6	4	3	1	5	2	7
8	1	2	7	4	9	3	5	6
6	7	4	2	5	3	1	8	9
5	3	9	1	6	8	4	7	2

Sudoku 24

4	7	8	5	9	3	2	6	1
9	5	1	2	7	6	8	4	3
2	3	6	1	8	4	5	9	7
5	1	9	3	4	7	6	2	8
7	4	3	6	2	8	9	1	5
6	8	2	9	1	5	3	7	4
3	6	4	7	5	9	1	8	2
1	9	7	8	3	2	4	5	6
8	2	5	4	6	1	7	3	9

Word Search 1

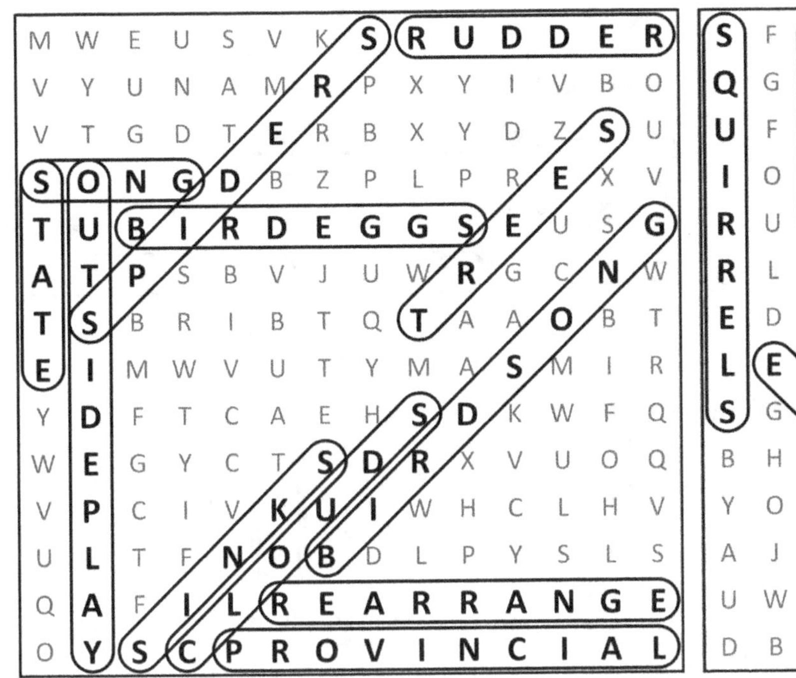

Word Search 2

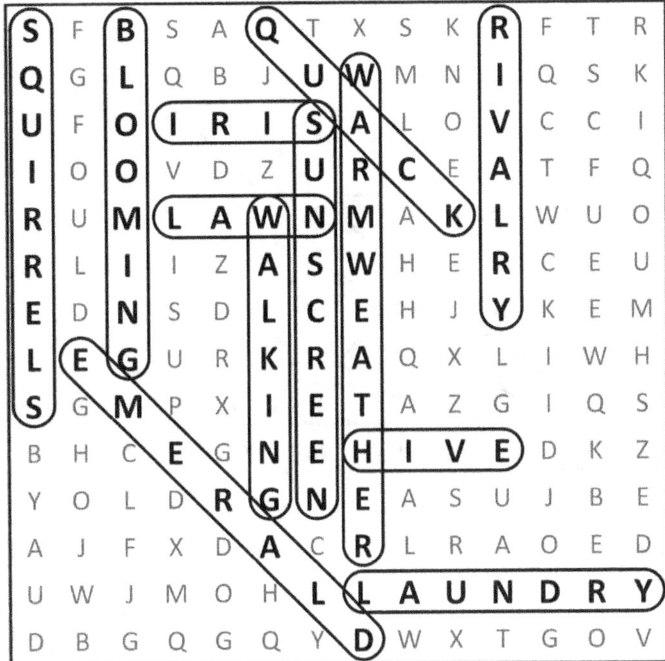

Word Search 3

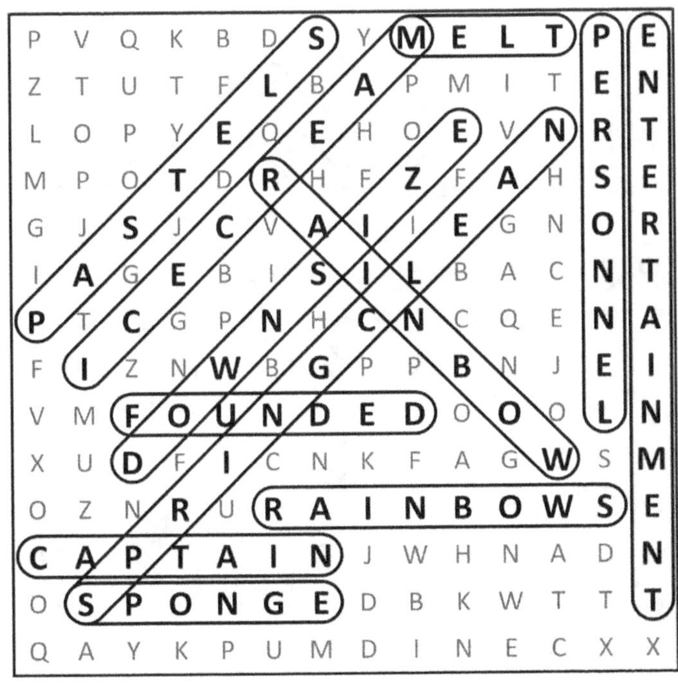

Word Search 4

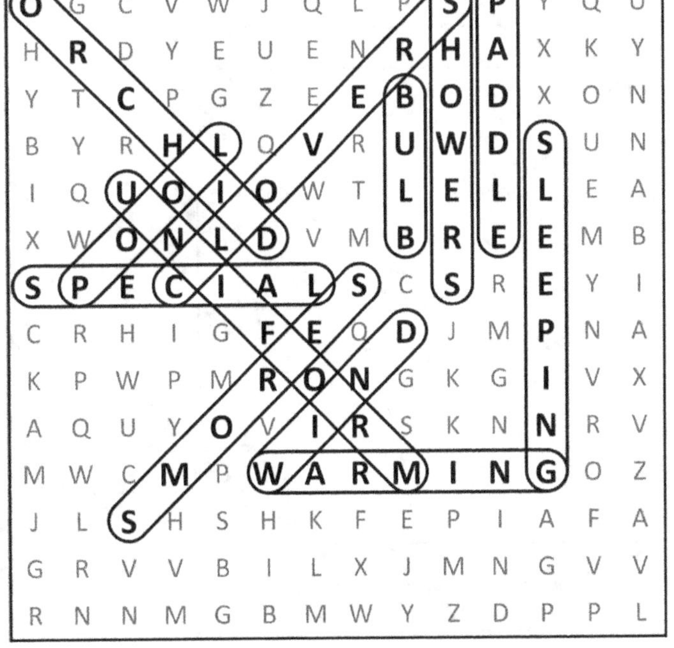

Word Search 5

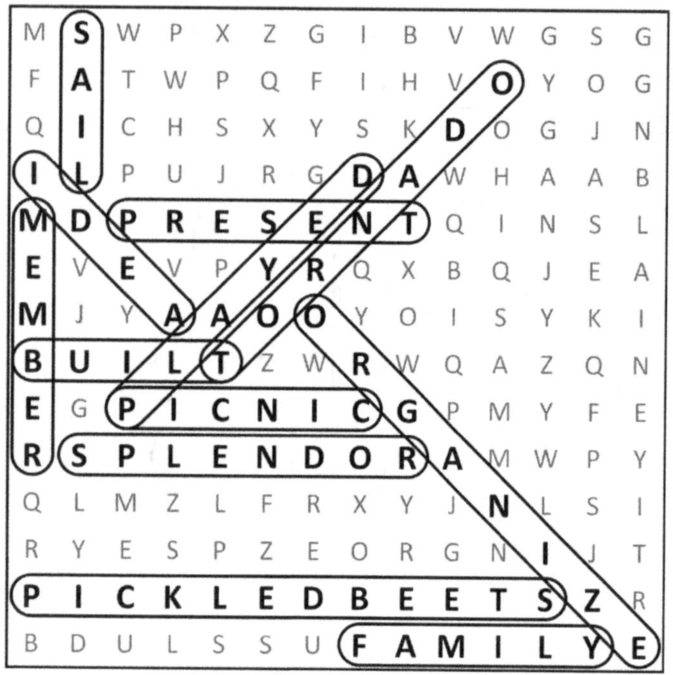

Word Search 6

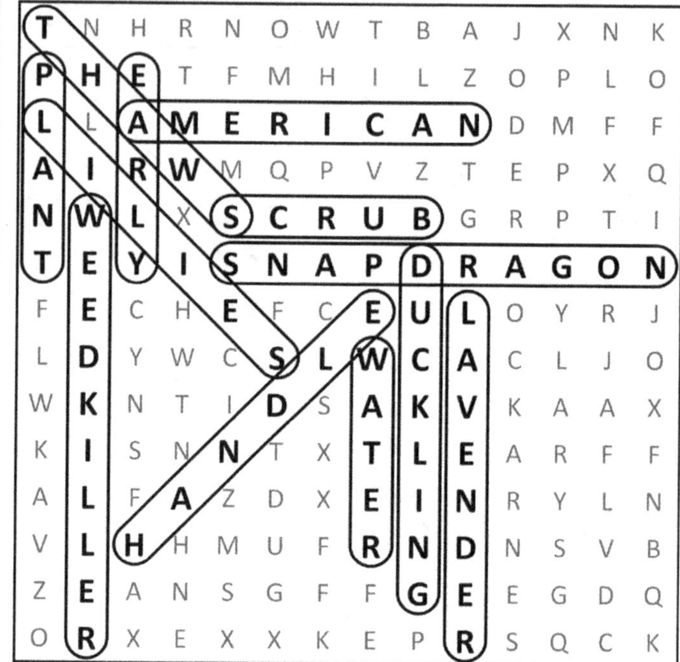

Word Search 7

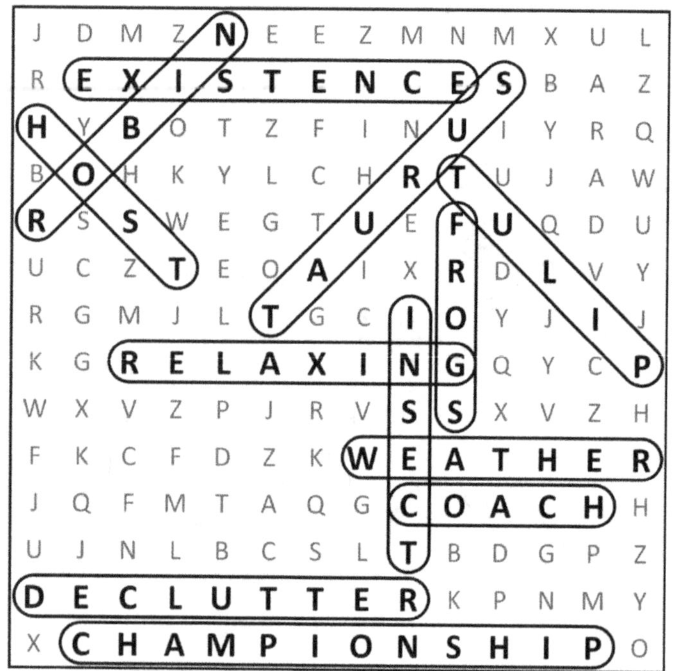

Word Search 8

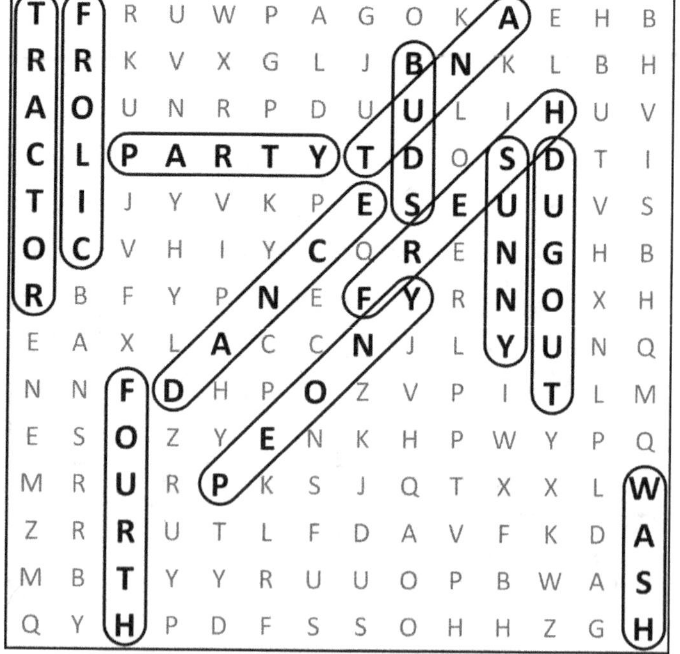

Word Search 9

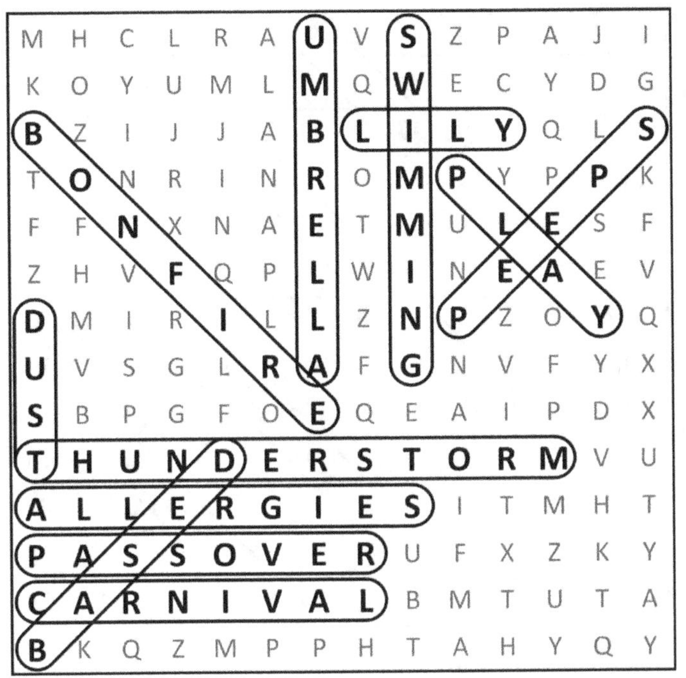

Word Search 10

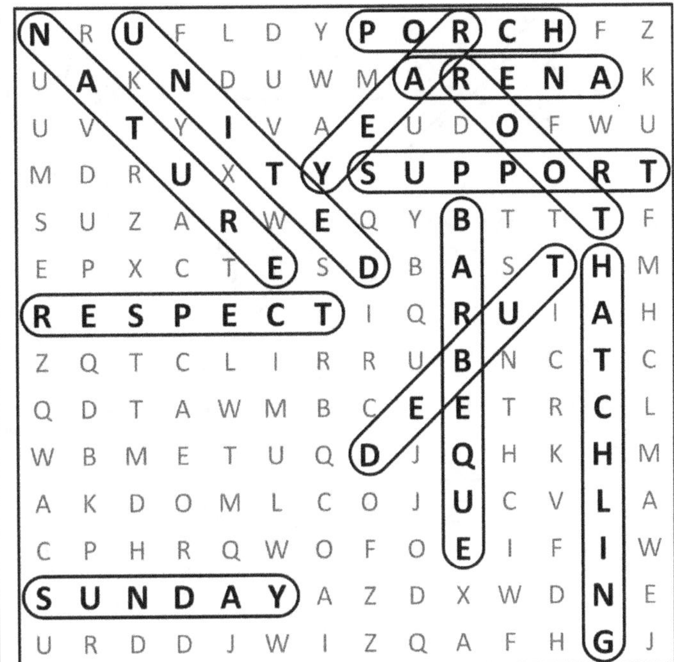

Word Search 11

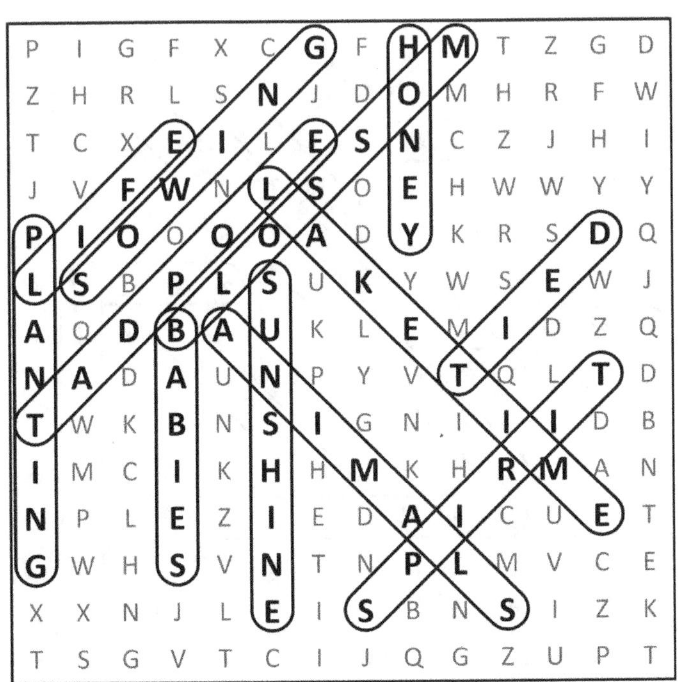

Word Search 12

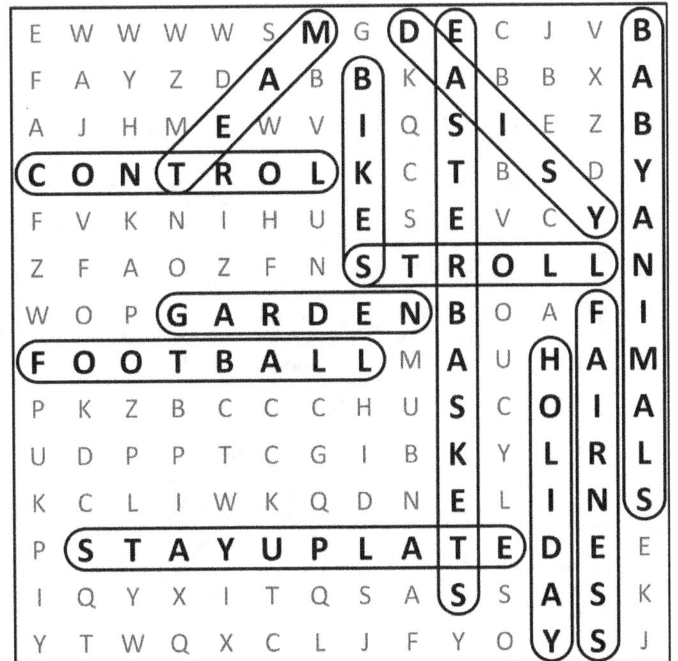

Word Search 13

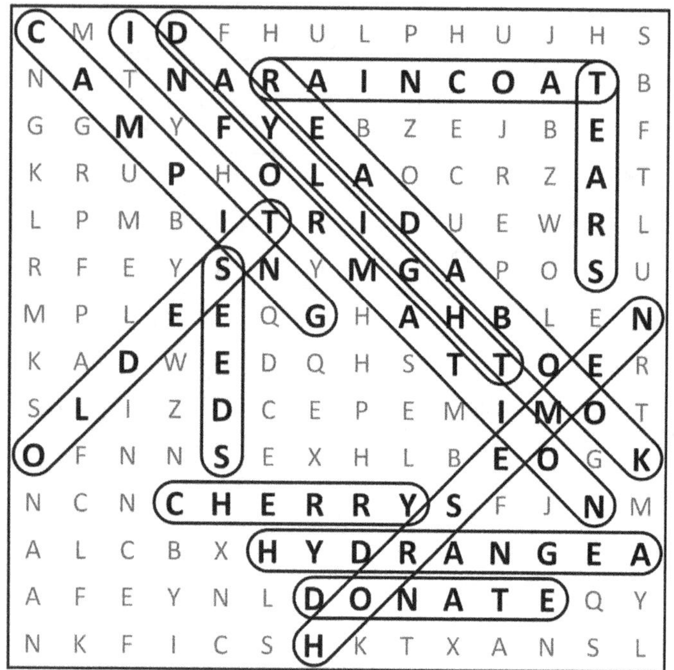

Word Search 14

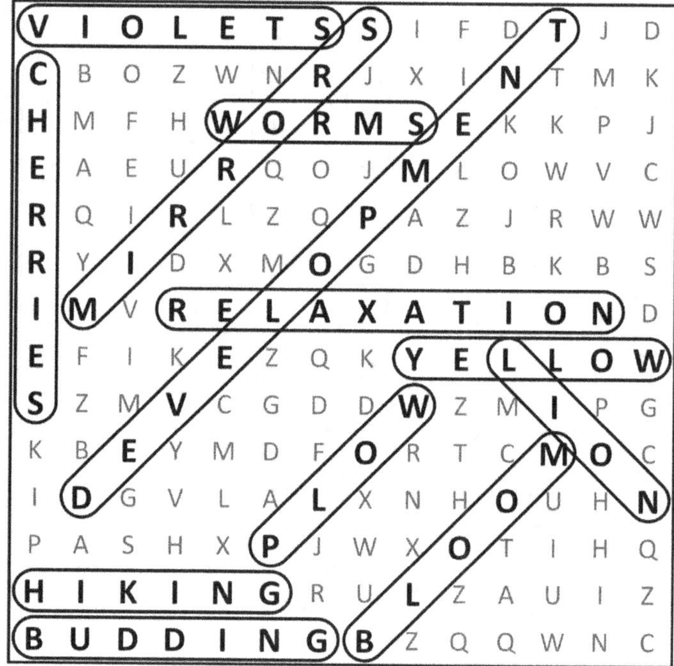

Word Search 15

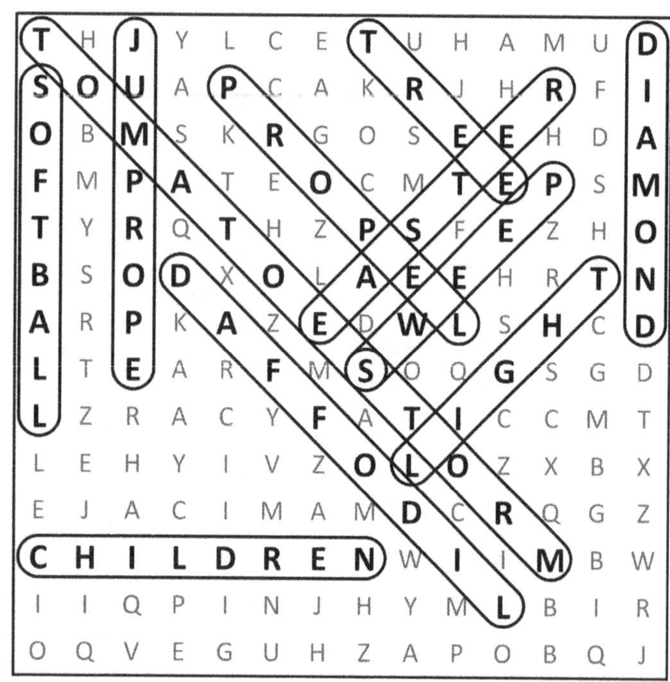

Word Search 16

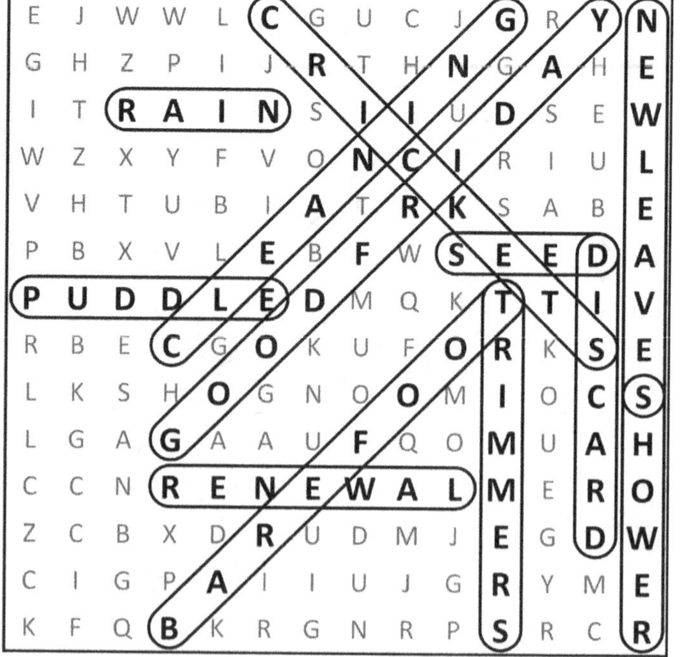

Word Search 17

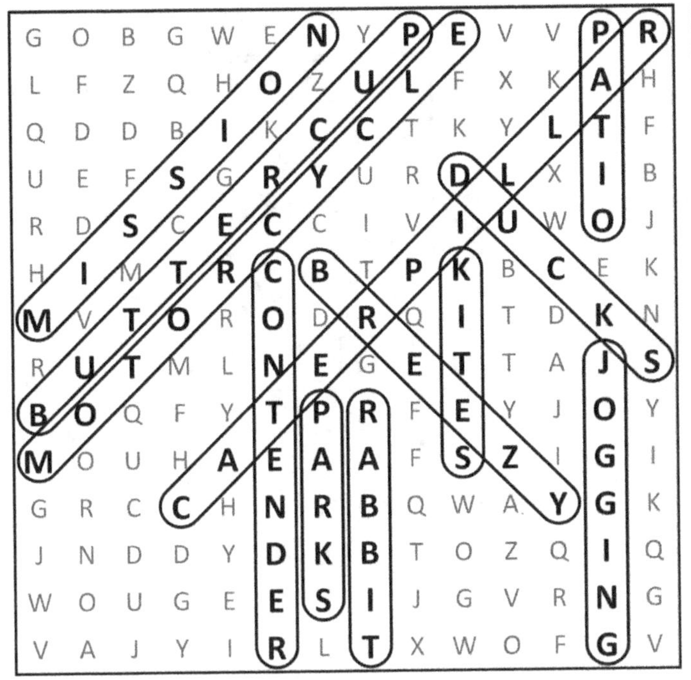

Word Search 18

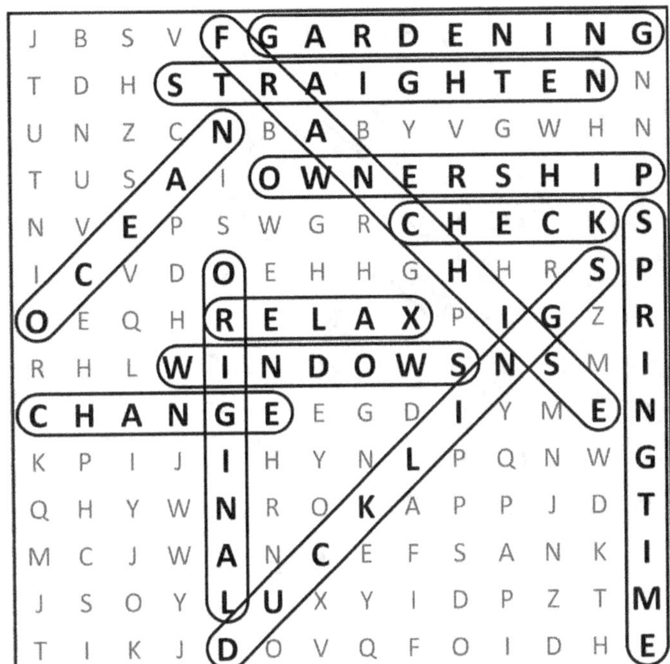

Word Search 19

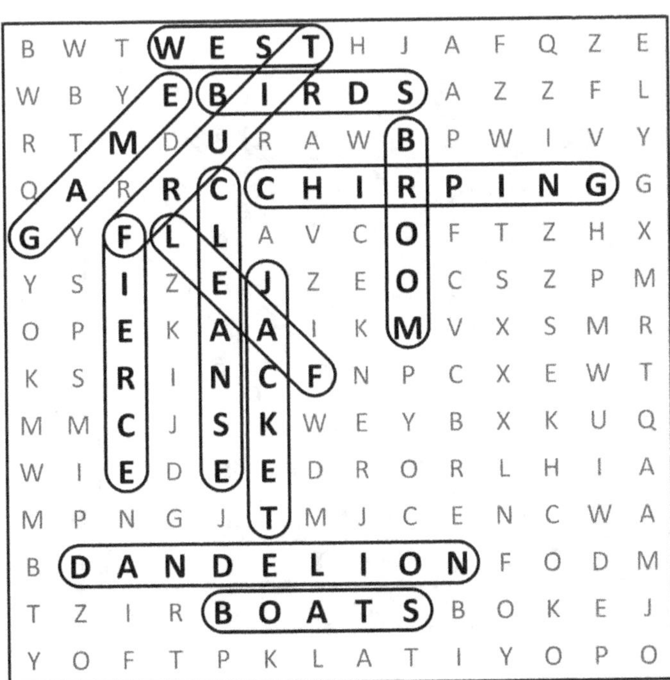

Word Search 20

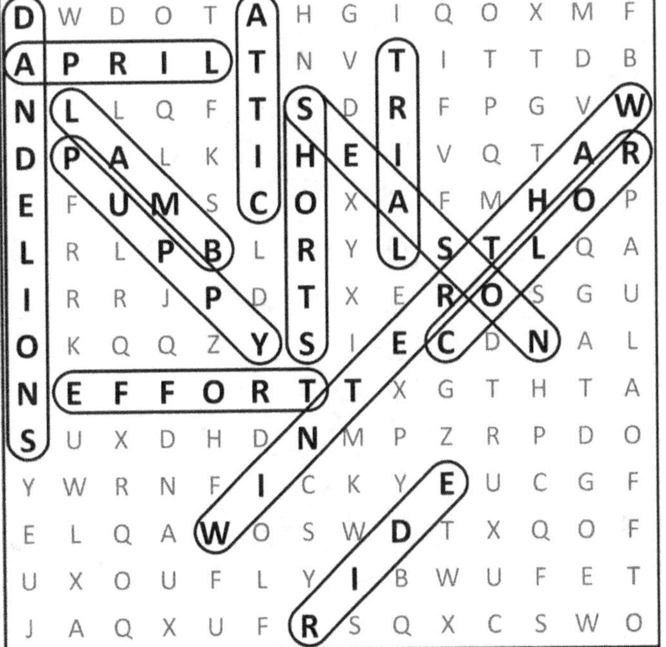

Word Search 21

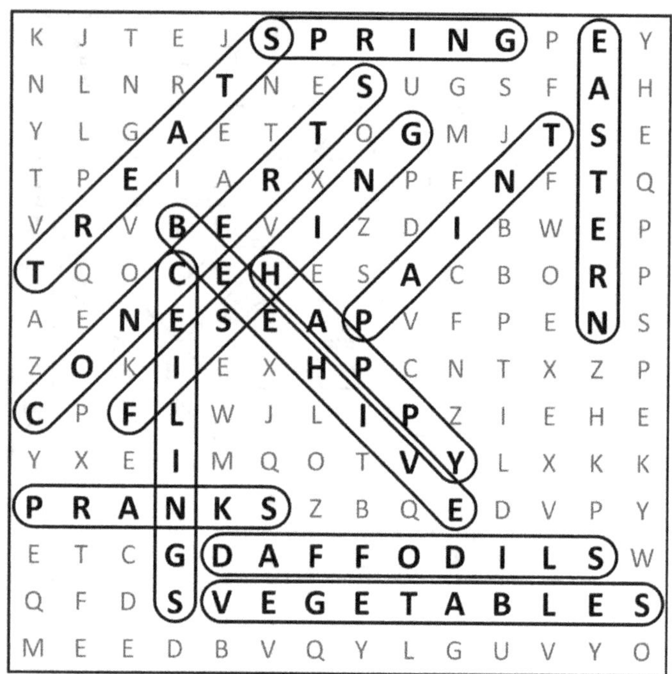

Word Search 22

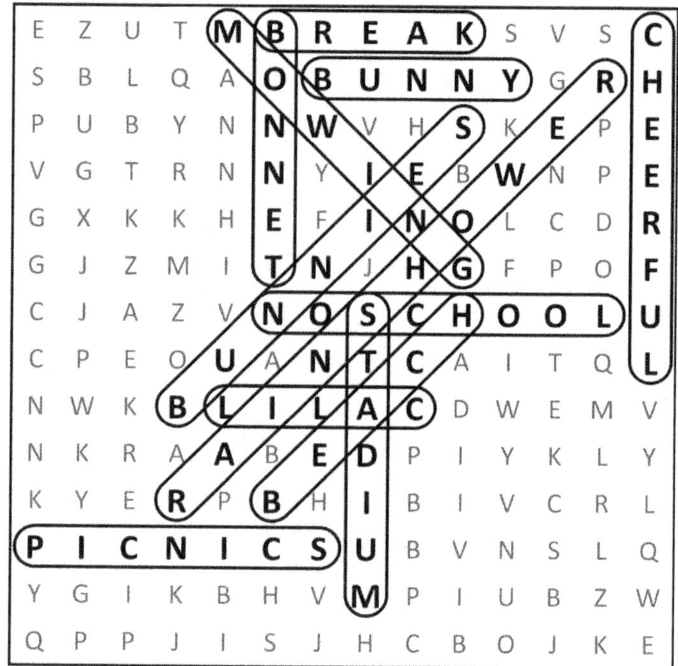

Word Search 23

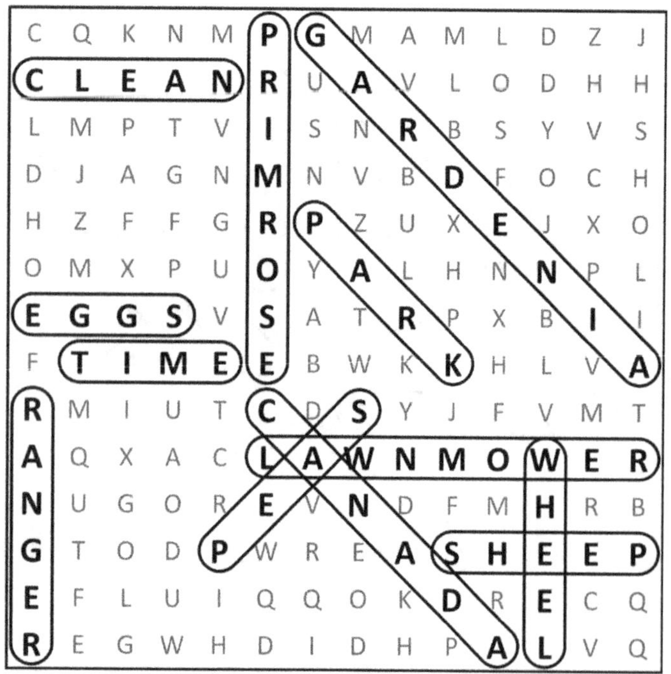

Word Search 24

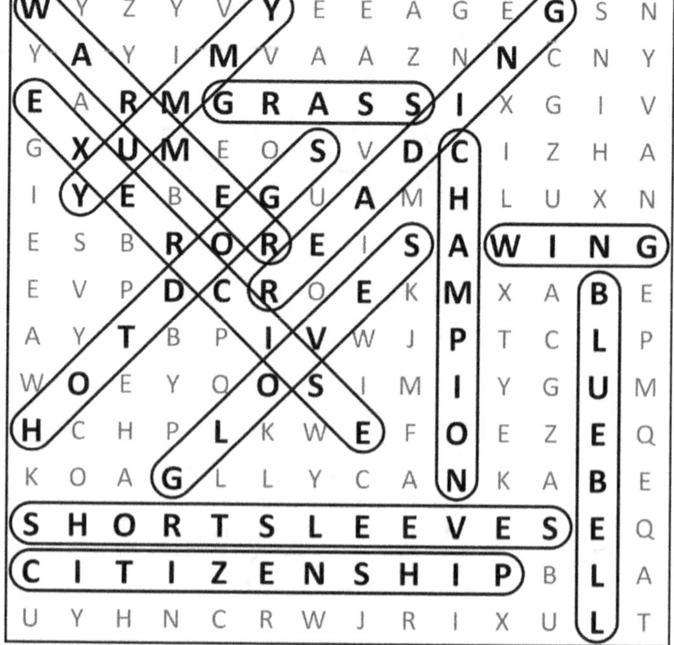

Maze 1

Maze 2

Maze 3

Maze 4

Maze 5

Maze 6

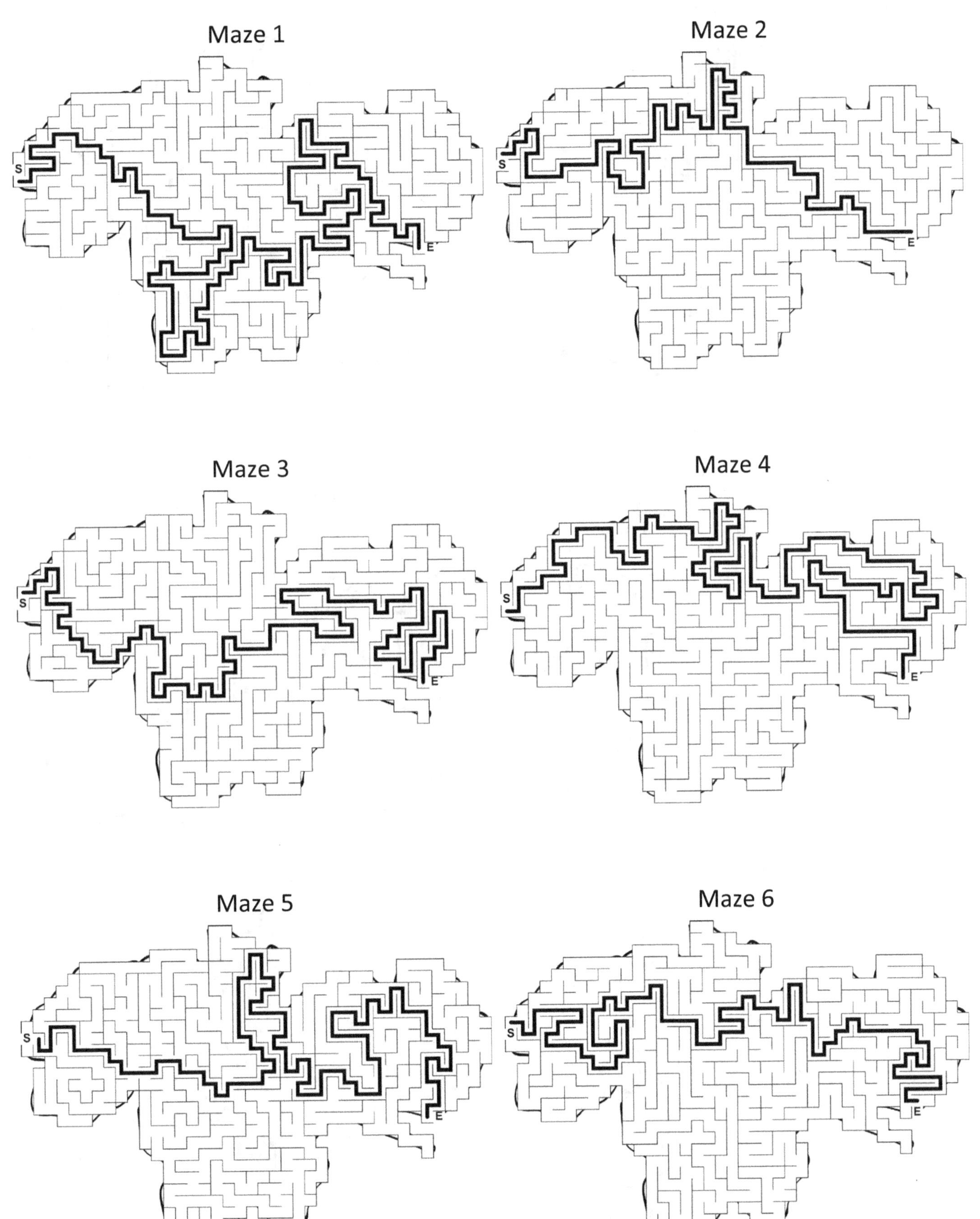

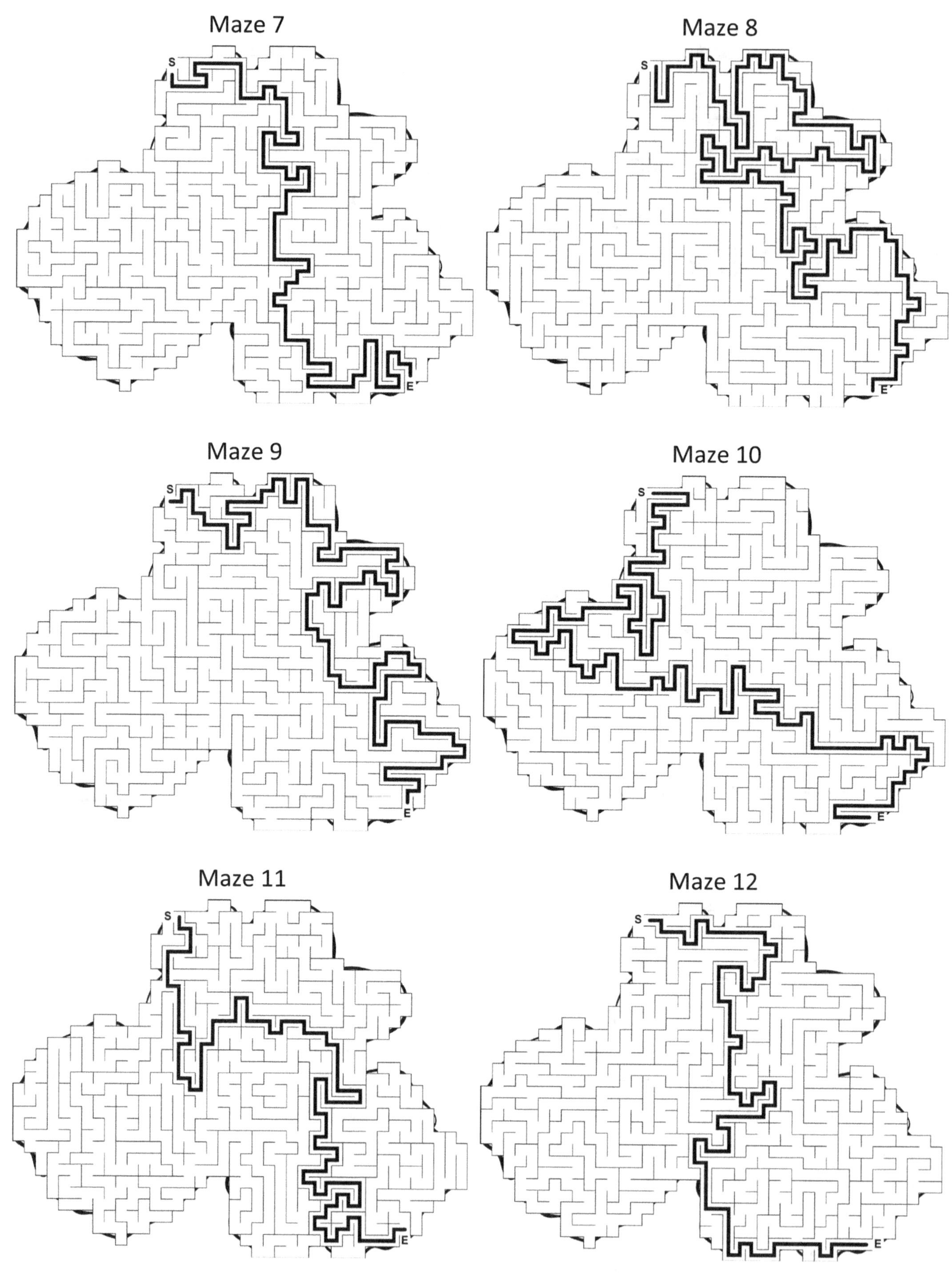

Maze 7
Maze 8
Maze 9
Maze 10
Maze 11
Maze 12

Maze 13

Maze 14

Maze 15

Maze 16

Maze 17

Maze 18

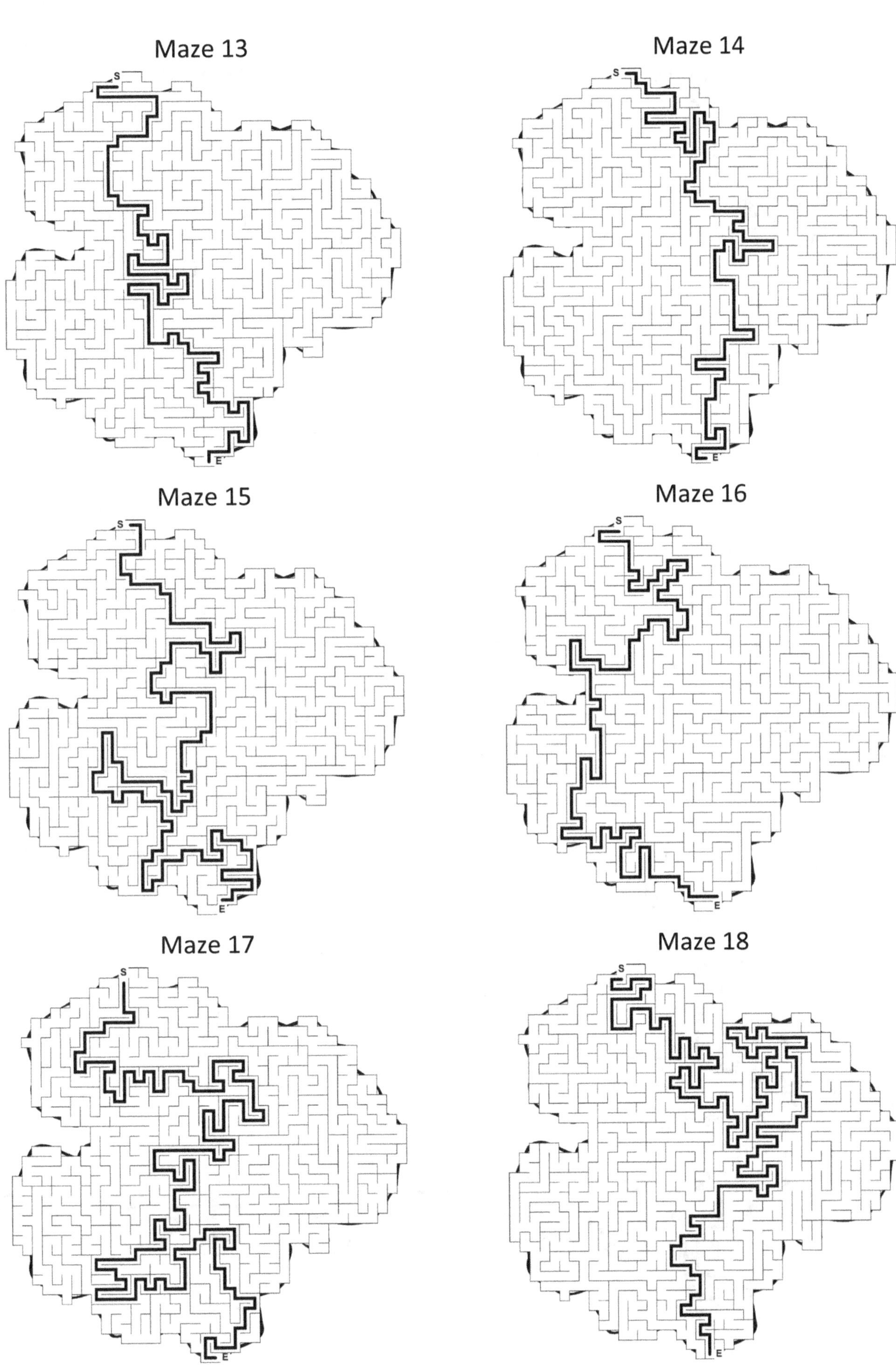

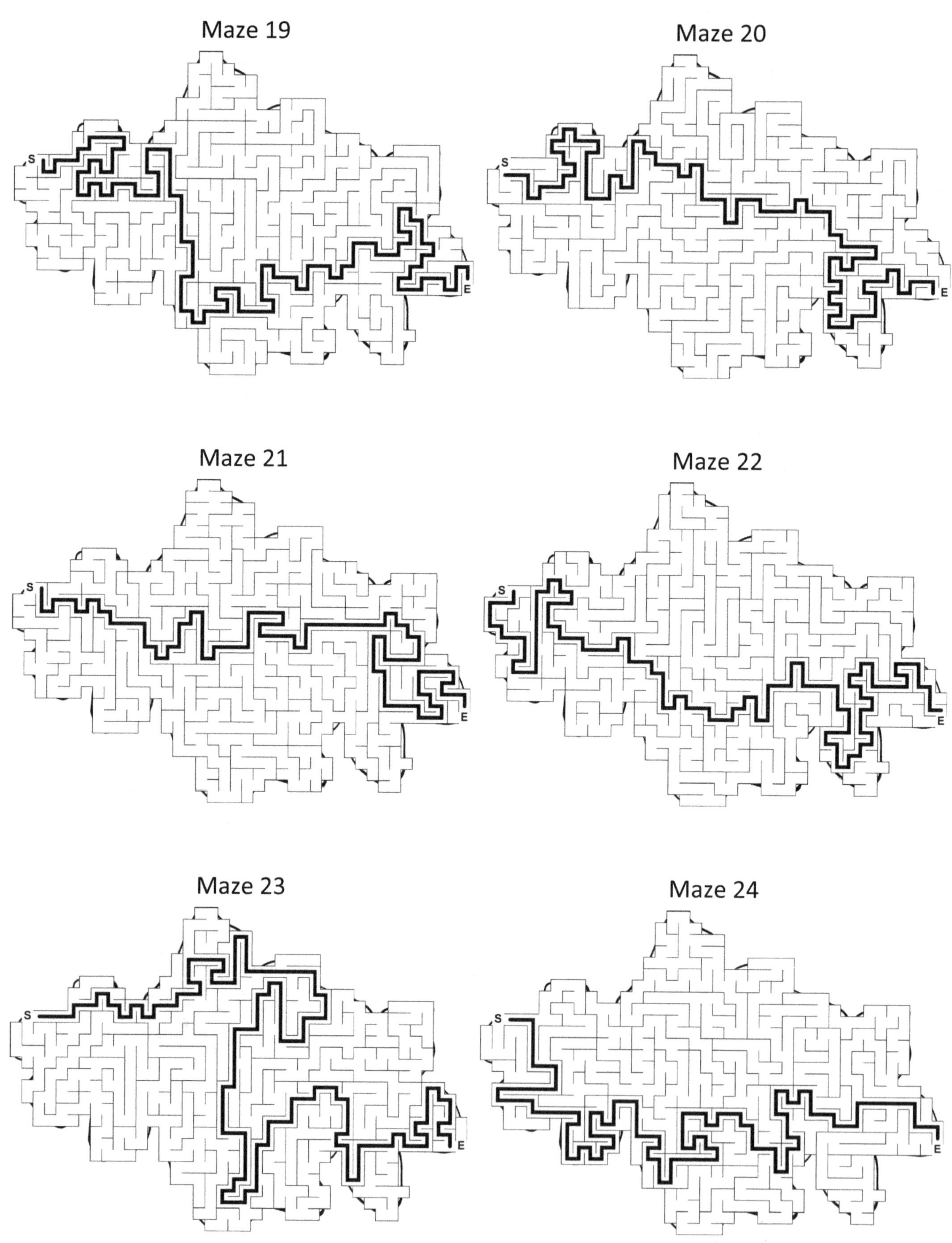

Maze 19
Maze 20
Maze 21
Maze 22
Maze 23
Maze 24
S
E

Did you Like this book?
Please review it!

Check out our other
Coloring Book
and
Puzzle Titles!

Check and Follow our
author page on
Amazon at:

https://www.amazon.com/Journals-ForYou/e/B08SDWYPJ3